윤예노 옥공예

옥공예 50년 장인의 삶과 작품 세계

윤예노 옥공예

밤북
BOOK

목공에서 시작된
옥공예 장인 50년의 길

목공(木工)일을 천직으로 하셨던 나의 아버지

나의 아버지는 집을 짓는 목수 일을 하셨다. 목수가 집을 짓는 일은 다음 순서로 이루어진다. 먼저 터를 만들어 다지고 그 위에 나무 기둥을 세우고 나무 잔가지를 엮어 벽을 세워, 집의 골격을 만든다. 그다음 물로 갠 진흙에 볏짚을 잘게 썰어 넣고 잘 섞어서 나무 벽에 발라 벽을 완성하며, 지붕은 나무를 톱으로 잘라 서까래를 하나씩 못을 박아 지붕의 뼈대를 만드는 순서이다.

이러한 과정은 모두 목공 공구인 톱과 망치, 대패, 먹통을 사용하는 기술로 이루어진다.

나는 어릴 적부터 아버지를 통해 목공 일을 흔히 보았기 때문에 목공 공구를 사용하여 놀이 기구를 만들었다. 팽이, 썰매, 자치기, 꼭두각시 등 내가 직접 만든 놀잇감으로 친구들과 재미있게 놀 수 있었다. 이렇게 어린 시절부터 목공 일을 알고 직접 하였는데, 성인이 되어 옥을 다루는 옥공예를 한 것은 운명이 아니었나 생각하기도 한다.

청소년기 첫눈에 반한 옥 공예품

청소년 시절 서울에서 고향 선배가 다니는 옥공예 공방을 우연한 기회에 방문하게 되었다. 그곳에서 나는 선배가 만든 옥 공예품을 처음 접했는데 옥 제품에서 나오는 맑고 영롱한 빛깔을 보고 첫눈에 매료되었고, 옥공예 기술을 배우고 싶은 마음이 커 옥공예에 입문하게 되었다.

옥을 다루는 일을 첫 직업으로 삼은 나는 기술 연마에 노력을 다하였다. 그런 나에게 옥공방의 선배들이 기술을 잘 가르쳐주었고, 그 덕분에 빠르게 기술이 늘기 시작했다. 나의 첫 작품은 당초무늬에 전통글씨인 쌍희자가 새겨져 있는 옥판이었는데, 부족한 점이 있었음에도 선배들은 쓸 만한 제품을 만들었다고 칭찬해 주었다.

그렇게 옥공방에서 열심히 배우고 기술을 익히며 디자인을 공부하고 연구하기를 멈추지 않았다. 그런 노력 덕분에 나의 작품들이 이태원, 송탄 등 외국인이 많이 다니는 관광지에서 인기를 끌었고, 공방 운영은 큰 어려움 없이 잘되는 편이었다.

옥공예 장인으로 50년

1988년 5월에 나는 12년 동안 근무했던 옥공방을 퇴사하고 내 공방을 창업하였다. 창업하여 만들기 시작한 것은 옥 목걸이인데 현대 공예품으로 디자인한 제품은 반응이 좋아 밤낮을 가리지 않고 제품을 만들어 자리를 잡아가게 되었다.

1989년에는 옥공예 제품을 만드는 공방 대표들과 전시회를 하게 되었다. 전시회는 공방을 운영하면서 처음으로 참여하는 회원전이었는데 장소는 남대문에 있는 신세계백화점이었다.

유명패션 제품들을 판매하는 신세계백화점에서의 전시회가 옥 작품을 백화점 고객들에게 보여줄 수 있는 참으로 뜻깊은 행사라고 생각한 나는 최선을 다해 작품을 제작하여 전시회에 참가하였다. 내 생각대로 전시회는 아주 좋은 성과를 얻었을 뿐만 아니라 여러 새로운 경험마저 하게 되어 한층 더 성장하는 계기가 되었다. 이후에도 회원전과 개인전을 여러 차례 하며 우리의 옥 제품을 널리 알리는데 기여하였다.

공모전에도 여러 번 출품하여 많은 상을 받았다. 그중 우리나라에서 전통공예 공모전하면 제일 알아주는 대한민국 전승공예대전에서는 장려상 2회, 입선 3회라는 결과를 이루었다. 이외에도 서울, 전주, 광주 등 여러 지역에서 개최하는 공모전에도 출품하여 여러 차례 수상하였다.

현재는 서울 종로3가에서 옥공예 제품을 만드는 예화공방 대표로 활동하고 있다.

예화공방에서는 국악인, 무속인, 국내외 관광객에게 옥 제품을 보여주며 판매하는 것은 물론 주문을 받아 전통공예품인 옥 기물·옥 장신구를 만들어 주는 일을 하고 있다. 또한 공방의 옥 제품을 관람

하기 위해 방문하는 국내외 관광객들에게 우리 옥의 우수성을 설명, 홍보하는 일도 하고 있다.

옥공예 기물과 장신구가 계속해서 사람들에게 사랑을 받기 위해서는 끊임없는 디자인 연구와 새로운 기술이 필요하다. 특히 현대에는 유행이 너무 빠르다 보니 자칫하면 시대에 뒤떨어지고 만다. 그런 만큼 옥공예 장인들은 오늘도 내일도 다 같이 단합하여 새로운 신제품을 만드는 데 최선을 다해야 할 것이다. 단합된 노력의 결과로 우리의 전통 옥공예품이 국내에서 다시 유행하고 외국으로까지 퍼져나가 세계적으로 옥이 유행한다면 국내의 경제 활성화에 기여할 수 있다. 나는 이런 소망으로 현재도 최선을 다하고 있으며 이러한 소망도 이 책을 쓰게 되는 하나의 계기가 되었다.

무엇보다 이 책의 계기는 우리나라 금속공예를 한층 더 업그레이드하고 전통공예와 현대공예 역사에 산증인이신 전 서울과학기술대학교 오원탁 교수님과의 인연이다. 어느 날 오 교수님이 나에게 옥공예 관련 책을 한번 써보지 않겠냐고 권하셨다. 오 교수님과의 인연은 2010년 서울과학기술대학교에서 운영하는 전통공예 최고전문가 과정에 내가 등록하면서 시작되었다. 나는 그때 1년 수료 과정을 이수

하였는데, 이후로도 주얼리 공예 분야 여러 행사에서 오 교수님을 만나면서 현재까지도 인연을 이어가고 있다.

오 교수님은 내가 이 책을 쓰는 1년 반 동안 계속해서 원고를 보며 지도해 주셨다. 오 교수님이 아니었다면 책을 쓴다는 것은 생각지도 못했을 것이다. 책을 쓰는데 베풀어 주신 오원탁 교수님의 사랑과 배려에 마음 깊이 감사드린다.

또한 부족한 원고를 다듬고 책으로 내주신 밥북 주계수 대표와 출판사 직원들에게도 감사의 말씀을 전한다.

예화공방에서 전통매듭 공예전문가로 활동하며 공방운영의 어려움을 극복하는 데 많은 도움을 주고 있는 사랑하는 나의 아내 박안순 여사에게도 이 자리를 빌려 감사를 드린다. 또한 그동안 무엇 하나 제대로 해준 게 없는데도 살아오면서 내색하지 않고 잘 자라준 아들 윤건진에게도 고맙다는 말과 함께 이 책을 바친다.

2026년 정월

예화공방에서 윤 예 노

1장 | 옥(玉, Jade)

2장 | 옥의 가공

3장 | 장인 윤예노의 옥공예 -연구·개발과 작품 복원

4장 | 장인 윤예노의 옥공예 -기물과 장신구 개발

5장 | 작품 활동

옥(玉, Jade)

1. 옥의 유래

옥 제품과 기물은 동양 문화권에서 많은 사람들에게 사랑을 받으며 애용되어왔다.

민족과 지역에 따라서 주술적으로도 사용되었으며 고대에는 금과 같이 귀한 대접을 받기도 했다. 또한 옥은 오래 사용하고 보관하여도 색상이 변하지 않는 불변성과 희소성이 있어 남녀 장신구로 애용되어 왔다.

전통적으로 동북아시아에서 귀하게 여기고 사용되어온 옥은 중국, 한국, 일본 등 나라와 문화에 따라 조금씩 다르게 사용된 흔적이 나타나기도 한다. 하지만, 이들 국가 모두 신석기시대부터 옥을 숭배하고 신격화하였다는 공통점을 찾아볼 수 있다.

서양에서는 오늘날 다이아몬드처럼 다수의 보석이 맑고 깨끗한 색의 아름다움으로 인해 사랑을 받아왔다. 이런 보석과 달리 옥은 서양에서 동양처럼 귀하게 여기지 않았다.

흔히 쓰는 사자성어 중에 금과옥조(金科玉條)란 말이 있다. 고대부터 옥이 금과 동격, 금 못지않은 가치를 부여하고 있음을 보여주는 말이다. 옥(玉) 한자를 보면 '왕(王)' 자에 점을 하나 찍은 형태를 보여준다. 옥이 곧 왕을 상징하거나 왕에 걸맞은 가장 진귀한 보석임을 글자가 나타내고 있는 것이다.

또한 귀인을 옥과 같다고 하거나 아름다운 여인을 옥에 비유하기도 하였는데, 여기서도 옥을 얼마나 귀하게 여기고 옥의 아름다움에 대한 사랑이 컸는지를 알 수 있다.

사진1-1. 옥기를 가공하는 선사시대 옥장인(玉匠人)들

2. 우리나라의 옥과 시대별 옥 문화

가. 유물로 확인된 고대의 옥

    우리나라에서 옥은 신석기시대부터 사용된 사실이 유물을 통해 드러났으며, 청동기시대에도 곡옥을 포함하여 다양한 옥기를 사용하였다는 사실이 여러 유물을 통해 확인되었다.

사진1-2. 신석기 결상이식(고성군 암사천)

사진1-3. 한나라 시대 유리옥(완주, 부여 출토)

사진1-4. 신석기 비상 옥기(울산 후포)

사진1-5. 신석기 반월형 옥기(부산, 제주)

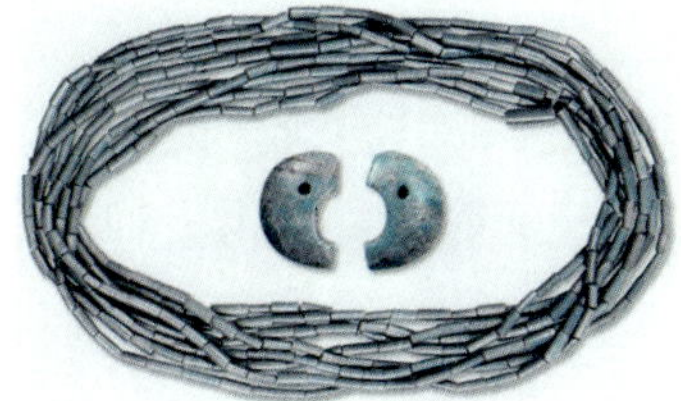

사진1-6. 청동기 벽옥제 관옥과 곡옥

사진1-7. 청동기시대 유물 출토 지역

고대의 여러 문헌에서도 옥에 관한 내용을 다루고 있다. 대표적인 문헌으로는 중국의 후한서(後漢書)와 삼국지(三國志)들 들 수 있고, 우리나라는 삼국사기(三國史記), 삼국유사(三國遺事)를 들 수 있다.

후한서와 삼국지에는 중국의 후한시대와 삼국지 시대에도 옥기를 사용했음을 보여주는 내용이 나온다. 삼국사기와 삼국유사에는 우리나라 삼국시대 및 통일신라시대 옥기에 관한 내용이 수록되어 옥이 널리 사용됐음을 보여주고 있다.

후한시대에는 사람이 죽으면 관을 사용하는데 왕의 죽음에는 옥갑을 사용한다는 내용이 후한서 동이전 부여조(後漢書 東夷傳 扶餘條)에 기록되어 있다. 옥의 죽음에 사용했던 옥갑뿐만 아니라 옥규(玉圭) 옥잔(玉盞) 등도 오래전부터 내려오는 기물로 모두 귀중한 보물들이다.

사진1-8. 부여 옥갑

우리나라에서 옥 제품은 선사시대는 주로 사회적 환경에 따른 주술적인 목적으로 애용하였으나, 시대가 달라지며 차츰 옥 장신구로 발전하며 나아간다.

나. 삼국시대

삼국시대에 옥은 왕궁이나 사대부 등 지배계층 남녀 모두에게 빼놓을 수 없는 장신구였고, 기물로도 제작, 사용함으로써 옥 제품은 이들에게 없어서 안 되는 아주 중요한 품목이었다.

옥을 귀히 여기고 애용하다 보니 옥이 사회적 지위를 나타내기도 하였으며, 중국 고전 예기(禮記)에서는 옥을 인간의 품성에 비유하여 군자의 덕(德)을 가리키는 오덕(다섯 가지 덕)으로 표현하기도 하였는데 다음과 같다.

"부드럽고 따사롭고 광채가 나는 것은 인(仁)이요, 짜임새가 고르면서 굳은 것은 지(智)요, 깨끗하면서 꺾이지 않음은 의(義)요, 몸에 드리워 떨어질 듯함은 예(禮)요, 두들기면 소리가 맑고 은은하게 뻗어 슬쩍 감추는 것은 낙(樂)이다."

옥에 관한 이와 같은 표현은 옥을 진귀(珍貴)하며 신영(神靈)이 담긴 높은 품격으로 여겼기 때문에 가능한 일이었다. 이 정도로 옥은 사람이 지닐 수 있는 최상위의 품성(品性)에 견주었다. 그만큼 옥은 인간 생활과 가까이 있으면서도 귀중한 보석 이상의 가치를 지닌 것이었다.

신라 고분에서는 곡옥과 관옥이 다수 출토되었는데, 관옥은 주판알 모양이 특징이며 색깔도 홍옥, 황옥, 벽옥, 경옥 등으로 다양한 색의 옥을 사용하였음을 보여주었다. 이 옥은 5~6세기경 제작한 것으로 추정된다.

부여 능산리 사지에서도 우수한 옥제 목걸이 제품이 발견되었다.

사진1-9. 부여 능산리 사지 옥 경식

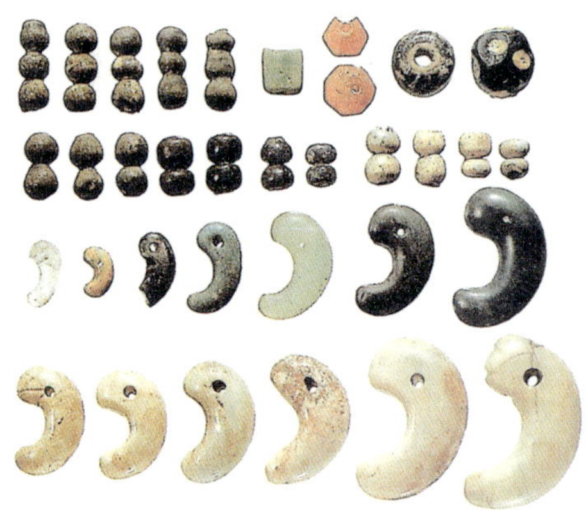

사진1-10. 신라곡옥(천마총 출토)

발굴 유물을 보면 고구려, 백제, 신라 중 고구려 옥기는 많지 않은데, 고구려 땅 대부분이 현재 북한 영토인 탓일 수도 있다. 어찌 됐든 지금까지 발굴된 유물은 통일신라의 옥기가 많고, 부여 능산리 사지 옥 경식은 신라에서 백제로 보내온 유물로 밝혀졌는데 신라가 다른 곳보다 옥을 더 사용한 결과일 수도 있다.

금관총 금관 및 금제관식(金製冠飾)은 경주 금관총에서 출토한 금관과 관장식이다.

금관은 외관(外冠)과 내관(內冠)으로 구성되어 있는데 이 금관은 외관으로 신라 금관의 전형을 보여주고 있다. 높이 44.4㎝. 머리띠 지름 19㎝이다.

사진1-11 금관총 금관

이 같은 외관에 대하여 내관으로 생각되는 관모(冠帽)가 관(棺) 밖에서 발견되었다. 관모는 얇은 금판을 오려서 만든 세모꼴 모자로 위에 두 갈래로 된 긴 새날개 모양 장식을 꽂아 놓았다. 새 날개 모양을 관모의 장식으로 꽂은 것은 삼국시대 사람들의 신앙을 반영한 것으로 샤머니즘과 관계가 있을 것으로 추정된다.

오늘날 보석학, 광물학 등이 세분된 시점에서 옥 원석을 사용하여야만 진정한 곡옥이라고 할 수 있으나 삼국시대의 곡옥은 주로 천하석, 유리석, 비취, 수정, 마노 등 여러 종류의 원석을 사용하여 가공되었음을 유물을 통해 확인할 수 있다. 우리나라에서는 가야, 백제, 신라, 고구려 금관과 허리띠에서 수많은 곡옥을 달아서 사용하였던 사실이 고분 발굴로 밝혀졌다.

다. 고려시대

고려시대에는 옥책을 사용하였는데, 옥책은 글자를 옥에 새겨 넣어 옥으로 된 문서를 만들어 공덕을 기리는 용도이다. 옥책 외에도 물고기, 새 등을 정교하게 조각한 옥제 장신구 등이 많이 만들어졌다. 옥으로 만든 그릇에 기름을 넣고 심지를 연결 불을 붙이는 옥등(玉燈)도 만들어졌다. 이 외에도 옥으로 제작한 옥술잔, 옥향로, 옥등롱(玉燈籠) 등이 있다.

고려시대에는 사방신(四坊神)에게 제사를 지낼 때 패물을 올렸는

데, 이때 올린 청규(靑圭), 적황(赤璜), 황종(黃琮), 백호(白琥)가 옥 제품일 정도였다. 고려시대 옥을 귀하게 여긴 사실은 여러 곳에서 나타난다.

제8대 현종 때는 현화사(玄化寺) 북쪽이 무너지면서 옥 덩어리가 나왔다는 기록이 있다. 이 기록을 계기로 제11대 문종 대에는 옷에 옥규(玉圭)를 오식(吳拭)에게 주었다고 하며, 예종 대에는 장방창(張邦昌)에게 금 옥기를 주었다고 하는 기록도 있다. 서경(西京)의 반룡산(盤龍山)에서 보옥(寶玉)을 얻어 옥인(玉人)에게 먼저 제기를 만들기를 명하였던 일도 있었으며 서옥(瑞玉)제기를 얻었다는 기록도 있다.

옥이 귀한 대접을 받은 고려시대이지만 평민들은 옥기를 사용하지 못하였고, 왕이나 신분이 높은 귀족들만이 장식용 혹은 제례용으로 옥기를 사용하였다.

라. 조선시대

조선시대에는 옥기 사용을 경국대전(經國大典)을 통해 엄격하게 규제하여, 옥 제품 사용을 왕실이나 높은 벼슬을 하는 사람들에게만 허용하였다.

조선시대 옥광산은 여러 곳에 분포되어 있었지만 품질 좋은 옥을 구하는 데 매우 어려움을 겪었다. 또한 옥광산 개발 자체가 매우 적었는데 중국에서 옥을 조공으로 바치라는 이유로 옥 채굴을 기피한 국책이 영향을 끼친 탓이다. 옥이 귀한 데다 복식의 제약마저 있어 조선에서는 화려한 옥을 사용하지 못하였다.

경국대전(經國大典)에는 경공장(京工匠) 내에 옥공예 장인의 수가 10명 배속되어 있음을 밝히고 있는데, 이 사실로 미루어 보아 옥 제품 사용에 제한이 있었음에도 많은 옥인이 옥공예에 종사하고 있음을 말해 주고 있다.

조선시대에 옥 제품 발달이 그 이전처럼 꾸준히 이뤄지지는 않았지만, 그 이전부터 왕족 및 귀족들이 옥을 장식과 장신구 제품으로 많이 애용하고, 점차 퍼져 나가면서 옥은 우리 문화에 맞는 고유 보석으로 전해졌다.

그러다 보니 조선시대부터 양반집에서 고부간에 또는 어머니가 딸에게 귀한 옥 장신구인 옥반지, 옥노리개, 비녀 등 공예품을 가보로 전해 내려주는 전례가 생겨나기 시작했다.

조선시대에는 특히 머리 장식이나 노리개 등이 다양하게 발달하면서 관련 옥 제품들이 많이 만들어지기도 하였다. 다양한 장신구도 남자용과 여자용으로 구분되어 나왔다. 남자용 장신구는 머리를 단정하게 하는 제품으로 상투관, 관자, 살쩍밀이, 동곳, 갓끈 등이 있고, 허리띠 구실을 하는 광다회, 세조대(細條帶), 기타 장신구로 호패끈, 선추, 안경집 등이 있다. 여자용으로는 머리를 꾸미기 위한 각종 비녀와 다양한 뒤꽂이, 왕실이나 고관 층에서 사용하던 첩지와 떨잠, 머리를 단정하게 하는 댕기가 있다.

왕궁에서도 왕과 왕비들이 자신들의 취향에 따라 다양한 옥기와 장신구를 사용하였다. 예로 영조의 열 번째 딸인 화유옹주 무덤에서 휘녹석 벼루, 옥비녀, 옥제 쌍이잔(玉製雙耳盞) 등 여러 종류의 장신구 제품들이 출토된 사실이 이를 잘 나타낸다.

사진1-12. 옥제쌍이잔 높이(좌) 6.7㎝, (우) 3.1㎝(화유옹주 무덤 출토)

사진1-13. '월인석보' 옥책

세조가 1459년에 만든 것으로 알려진 보물 제745호 '월인석보'는 실제로는 세종 29년 이전(1447)에 간행되었다고 한다.

철인황후 옥책(玉冊)은 철인황후(1837~1878)에게 존호를 올리면서 제작한 옥책으로 국립중앙박물관에 소장되어 있다.

사진1-15. 조선시대 장신구(부산 연산동 유적출토)

사진1-14. 명성황후 금책
대한제국에서 고종황제가 명성황후의 공덕을
찬양하여 금으로 만든 어책이다.

마. 조선시대 남자 장신구

조선시대에는 많은 남자들의 장신구를 이용하였고, 장신구 종류도 다양하였다. 멋 부리기를 좋아하는 사람들은 남자의 자존심과 체면을 중시하면서 품위를 유지하는 선에서 장신구를 사용하였다. 그러다 보니 장신구를 하면서도 화려하게 드러내기보다 은근한 멋을 강조하는 경향이었다.

남자들은 주로 머리와 허리에 의복을 가지런히 입은 상태에서 장신구를 착용하였다. 특히 상투를 가지런히 모은 다음 옥이나 금속으로 만든 동곳을 사용하여 머리카락이 흐트러지지 않도록 꽂아 넣은 다음 상투가 드러나지 않도록 상투관을 덧씌워 꾸밈을 하였다. 상투관

재료는 가죽, 뿔, 종이 등을 사용하였으며 일반 서민층은 천으로 만들어 사용하였다.

머리를 감싸주는 망건에는 풍잠을 사용하였는데 풍잠의 재료는 백옥, 대모, 호박, 마노 등으로, 이 풍잠은 남자의 체면을 상징하는 장식품이었다.

다음은 머리에 갓을 쓰는데 갓의 정수리에 정자 장식의 백옥으로 해오라기 새를 만들어 갓 상단에 부착하였다. 갓을 이렇게 꾸며 착용함으로써 선비들의 멋과 위엄을 나타내었다. 마지막으로 갓끈에도 신경을 썼는데, 갓끈 원석은 밀화, 산호, 수정 등을 엮어서 만들었다.

조선시대 남자들은 사대부들을 중심으로 멋과 유행을 추구했으며, 다양한 옷과 여러 형태의 장식과 갓끈, 선추 등을 통해 이를 드러냈다. 멋은 신분과 의식의 용도에 맞추어 추구하면서도 시대의 변화나 유행도 놓치지 않았다.

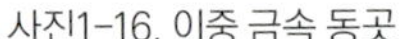

사진1-16. 이중 금속 동곳

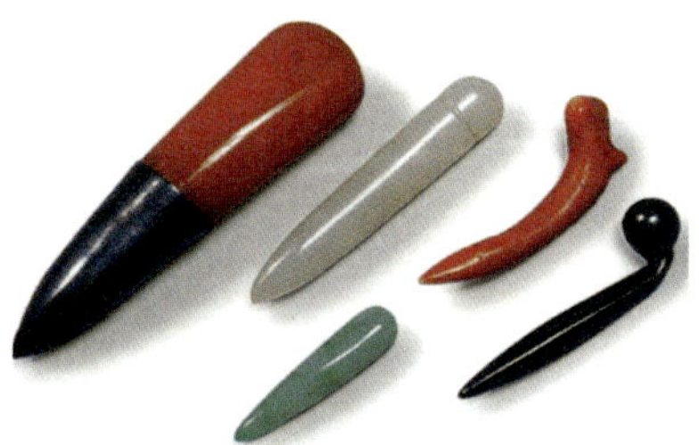

사진1-17. 동곳(산호, 비취, 백옥, 흑옥)

사진1-18. 백옥 옥로

사진1-19. 해오라기 옥로

사진1-20. 옥 매듭 선추

사진1-21. 대모 갓끈

사진1-22. 죽 갓끈

사진1-23. 밀화 풍잠

바. 조선시대 여자 장신구

조선시대 궁중이나 사대부 집안의 여인들은 낭군의 지위에 따라 옷차림과 장신구가 달랐고 지위가 높을수록 값비싼 보석을 사용하였다. 또한 장신구를 선물로 서로 주고받는가 하면 의례에서도 널리 애용하였다. 귀한 보석류로 만든 노리개, 옥가락지 등 장신구는 사대부 집안에서 시어머니가 큰며느리나 딸에게 물려주는 풍습도 생겨나며 대대로 이어지고 있다.

궁에서도 여인들의 노리개나 장신구 착용은 그 여성의 지위와 품격을 표현하는 수단으로 작용하였다. 궁 밖에서 거주하고 있는 여성들은 궁중의 높은 사람을 만나러 갈 때는 머리에 첩지를 장식하고 노리개를 달아야 궁중에 출입할 수 있을 정도였다.

조선시대는 신분제도가 엄격한 사회였다. 따라서 신분에 따라 옷차림이 많이 달랐는데 양반은 고운 비단으로 만든 옷을 입었고 평민은 거친 천을 사용하여 만든 옷을 입었다. 그런 만큼 옷차림만으로도 아주 쉽게 그 사람의 신분을 파악할 수 있었다. 이러한 시대의 풍습은 여성들의 장신구 착용에도 영향을 끼쳤고 옷차림 외 장신구로도 신분을 쉽게 구별할 수가 있었다.

여성용 노리개는 겉저고리 고름이나 치마허리에 매어 차는 장신구가 각광을 받았는데 여러 종류의 색상과 귀한 패물을 사용하여 화려한 미를 표현하였다. 조선시대에는 이 장신구가 귀걸이나 목걸이 대신 가장 많이 애용되었다.

이 밖에도 여성들의 아름답고 화려해지고 싶은 마음을 사로잡는 장신구로 헤아릴 수 없이 많은 패물이 있는데, 그중에서도 큰 머리 장신구에 사용하는 떨잠과 삼작노리개, 옥지환, 비녀 등이 있다.

사진1-24. 조선시대 비취 매화잠, 길이 24.0cm

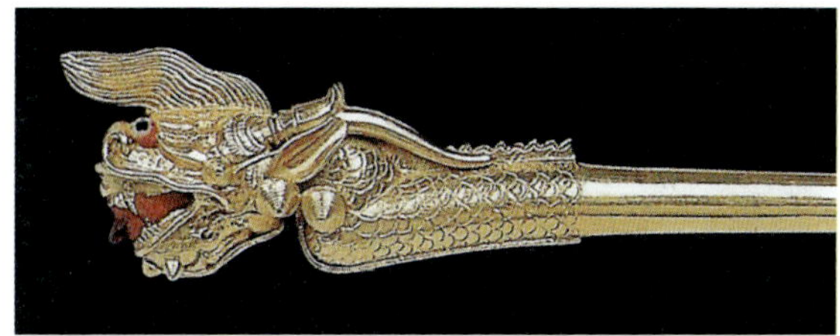

사진1-25. 조선시대 금속 용잠, 길이 11.5cm

궁궐에서는 옷 색깔에 맞추어 반지, 비녀, 뒤꽂이 등을 착용하여 몸치장을 하였는데 반지는 가락지 혹은 지환이라고 하였다. 조선시대 궁중이나 양반층 여인들은 비취, 산호, 옥, 밀화와 같이 값비싼 재료로 만든 장신구를 선호하였고, 서민층은 은이나 백동으로 가락지를 만들어 손가락에 끼었다. 특히 쌍가락지의 의미는 무궁무진함을 상징하고 부부의 영원한 행복을 기원하는 의미로 많이 애용되었다.

사진1-26. 동자 삼작노리개

사진1-27. 대수머리

사진1-28. 봉황잠 꽂이

사진1-29. 비취 쌍지환

사진1-30. 마노 쌍지환

사진1-31. 밀화 쌍지환

3. 옥의 분류

옛날에는 눈으로 보기에 옥과 비슷하면 포괄하여 모두 옥이라고 하였다. 그때와 달리 오늘날에는 옥의 성분을 물리 또는 화학적 방법으로 조사 분석하여 구분한다. 이에 따라 경옥과 연옥이 확연히 다른 광물질임이 드러나 과학적으로 구분하고 있다.

가. 경옥(硬玉, Jadeite)

땅속 깊은 곳에서 조장석이 높은 온도와 압력을 받아 변성이 생겨 형성될 때 만들어지는데 변성암이나 사문암 등 초염기성암에서 산출된다. 비취 또는 옥(玉)은 휘석의 일종인 비취휘석(jadeite)이 주로 함유된 암석이다.

본래 비취(翡翠)란 한자어는 경옥과 연옥을 구분하지 않고 모든 옥을 가리키는 단어로 사용했으나, 오늘날에는 짙은 녹색의 경옥에 한정하여 부르는 경우가 많다. 고문헌에서 비취 등의 원석 명이 나올 때는 푸른 옥만이 아닌 전반적으로 모든 옥을 가리키는 의미가 담겨 있으므로 주의해서 살피는 것이 중요하다.

경옥은 18세기 중국 청나라 시대부터 보석으로 주목받았다. 경옥의 주산지는 미얀마로 95%가 거기에서 생산되었고, 그 외 지역으로는 티베트, 프랑스, 멕시코, 캘리포니아 등이 있고, 일본에서도 경옥이 발견되었다.

사진1-32. 보라색 경옥

사진1-33. 진녹색 경옥

나. 연옥(軟玉, Nephrite)

고대에는 대리석이나 사문암을 옥으로 취급하였으나 현재에는 경도가 낮으므로 옥으로 취급하지 않는다. 옥은 시대의 개념에 따라 옥이란 한 가지의 광물이 아닌 복합적인 뜻을 지니기도 한다. 옥은 아름다운 색깔과 광택이 있고 단단하여 영구적으로 보존할 수 있는 특징을 지니고 있다.

윤예노 옥공예

다. 인성

인성(toughness)은 외부 충격에 의해 부서지는 정도와 저항력을 의미하고 경도(Hardness)는 긁힘(scratch)에 대한 저항력을 의미한다.

경옥과 연옥은 인성과 내구성으로도 유명하여 조각과 공예제품 생산에 가장 이상적인 재료로 평가되어왔다. 이를 이용 보석, 조각품, 심지어 도구와 무기까지 포함하여 다양한 물건을 만드는 데 수천 년 동안 사용되어왔다.

현미경으로 볼 때 경옥과 연옥은 인성과 내구성을 제공하는 독특한 섬유 구조를 나타내고 있으며, 우리나라에서는 강원도 춘천 연옥이 경도와 인성이 가장 단단한 옥으로 알려져 있다.

보석의 기본 경도는 강한 다이아몬드와 약한 원석인 수옥을 비교하여 표준으로 삼는다. 다이아몬드를 10°로 볼 때 약한 수옥의 경도가 3~4°로 측정되는데, 경옥은 6.5~7°이고 연옥은 6~6.5°의 경도로 나타나 전체적으로 중간 정도의 경도와 인성이 내포되어있는 보석이다.

사진1-34 경옥(비취) 원통형 팔찌

사진1-35 연옥 쌍가락지

옥을 제외한 다른 원석은 인성과 충격에 약하기 때문에 파이프 형태로 제품이 만들어지면 파손될 위험이 크므로 가공하여 만들기가 조심스럽다. 이와 달리 외부의 충격과 인성이 강한 경옥과 연옥은 두께가 얇은 원통형 팔찌와 작은 가락지도 파손 위험 없이 수월하게 만들어 사용할 수 있다.

표 1-1

옥의 경도(硬度)와 인성(靭性)

구 분	경 도	인 성
다이아몬드	10	7.5
경 옥	6.5~7	8
연 옥	6~6.5	매우 높음
유 리	5.5	
수 옥	3~4	

라. 산지

1) 우리나라 연옥 산지

조선왕조실록에는 우리나라의 대표적인 옥의 산지로 함경도(단천, 예원), 평안도(벽동, 성천, 의주), 경기도(통진, 광릉, 남양, 수원, 김포), 충청도(청주), 경상북도(예천) 등을 표시하고 있다. 그 외 옥의 산지를 표시한 다른 문헌이나 기록은 발견되지 않아 조선왕조

실록에 나와 있는 이 지역들이 예로부터 인정된 대표적인 옥의 산지라고 할 수 있다.

오늘날에는 대표적인 옥의 산지로 강원도 춘천이 꼽히고 있다. 춘천에서 채광되는 연옥은 표면이 매끄럽고 부드러운 재질이어서 우수한 옥으로 평가받는다. 매장량도 많은 춘천 연옥은 경도가 강하고 인성이 좋아 국내 옥으로는 최상품으로 친다. 다른 나라의 연옥과 견주어도 손색이 없어 오늘날 중국 하남성 남양옥과 쌍벽을 이루고 있다.

조선시대에 옥이 꾸준히 채광된 곳은 단천·벽동·남양지역이다. 옥을 채취한 빈도가 높아 명실상부한 옥 산지였다고 말할 수 있다. 나머지 옥 산지는 채굴을 지속적으로 하지 않은 곳이다. 이런 사실을 볼 때 조선시대에는 옥 채굴 자체가 그다지 활발하지 않은 것으로 판단된다.

문헌으로 볼 때 함경남도 단천은 벽동·남양과 함께 조선시대 가장 대표적인 옥 산지였다. 단천에서 옥이 언제 발견되었는지는 알 수 없으나 1502년 연산군 8년 청옥 1,000여 량을 캐내 한양으로 운반하였다는 내용이 있는 것으로 보아 이 무렵 이곳에서 옥 채굴이 활발했음을 알 수 있다. 이후에도 단천 옥은 나라 안팎으로 널리 알려져 1600년(선조 33)부터 채굴이 본격적으로 이루어졌다. 이때 채굴은 조선의 판단에 의한 것이 아니라 명이 요구에 따른 것이었다. 이 시기는 임진왜란 전란 중으로 명이 전쟁에 참가한 것을 생각할 때 그들의 장수와 관리들이 전투 외에 단천 옥에 매우 관심이 있었던 게 아닌가 추측된다.

춘천 옥은 1970년대 초반 강원도 춘성군(春城郡) 동면(東面) 월곡리(月谷里) 내평 115번지에서 채굴되기 시작하였다. 춘천 옥은 연옥으로 각섬석의 일종으로 성분은 마그네슘, 철칼슘의 규산 화합물이다. 유리 광택이 나며 탁마면(琢磨面)은 지광(脂光)이 나고 경도는 강하고 인성이 질기다.

70년대 춘천 옥은 장인들에 의해 노리개, 반지, 비녀, 마고자 등 장신구로 가공되어 전통한복을 입었을 때 주로 착용하면서 시중에 많이 유통되었다.

현재 춘천 옥은 장식품인 동물과 주전자, 불상, 운용(雲龍) 등의 옥 공예품과 전통공예 제품인 옥 향로, 옥새, 옥대, 패옥 등을 만드는 데 주로 활용한다. 이렇게 만들어진 옥 공예품은 공모전과 전시회를 통하여 우리나라의 옥의 우수성을 널리 알리는 매개가 되고 있다.

사진1-36. 옥광산 막장

사진1-37. 채굴된 백옥

사진1-38. 체험갱도 보존

사진1-39. 옥동굴 기(氣) 체험

사진1-40. 관광객 옥동굴 체험

사진1-41. 기를 받는 옥동굴의 옥벽 걷기

2) 경옥(비취) 산지

경옥은 18세기 중국 청나라 시대부터 보석으로 주목받아왔다. 경옥의 주요 산지는 미얀마로 전체 생산량의 95%를 차지한다. 그 외에는 티베트, 프랑스, 멕시코, 캘리포니아 등에서도 나오고 있으며, 일본에서도 경옥이 발견되었다.

현재 양질의 비취는 미얀마 모가웅(Mogaung) 근처 우르계곡의 변성암 암맥 중에서 생산되고 있는데 이곳은 중국과 국경인 원난성에 근접해 있다. 미얀마에서 채굴된 비취는 주로 중국으로 반출되어 가공, 판매 등 모든 분야를 중국인들이 오랫동안 장악해 왔다. 이런 이유로 미얀마 원석임에도 세상에는 중국 비취로 알려지게 되었다.

<비취 원석과 토산 채굴 장면>

사진1-42. 광부들의 루비, 비취 채굴 모습

사진1-43. 위험한 토산에서의 비취 선별 작업

사진1-44. 미얀마 북부 가천주 광산의 비취 원석

사진1-45 제가오의 비취 원석 보석상가

4. 옥의 성질

가. 물리적 성질

1) 경옥

경옥은 입상질 조직을 지니고 수많은 미세한 결정물질이 엉켜있는 다 결정질 물질로 형성된 휘석(輝石)으로 나트륨, 알루미늄, 알루미늄이 합성된 규산염이며, 화학식은 $Na(Al,Fe)Si2O6$이다.

순수한 경옥은 백색이나 산화제1철, 산화제2철 등 철성분 함유량에 따라 녹색, 연두색, 갈색, 황색, 보라색, 검정 등 여러 가지 색으로 나타난다. 철 성분을 많이 함유할 경우 암녹색, 검정 등을 나타내는 변종 클로르멜라나이트라 한다.

그중에서 매우 질 좋은 경옥은 비취(翡翠)라고 하는데, 비취는 녹색의 광택이 있는 보석으로 조직이 치밀하고 질겨 연마하면 아름답게 빛을 발하여 장신구 등을 만드는 데 쓰인다.

- 화학식: Na(Al,Fe)Si2O6
- 결정학적 성질: 입상 또는 섬유상의 크리스털 어그리게이트 단사정계의 결정
- 경도: 6.5~7˚
- 내구성: 특별히 좋다.
- 비중: 3.34(+0.06, −0.09)

2) 연옥

연옥은 각섬석으로 투섬석, 양기석과 같은 유형이며 단사정계의 결정체로서 칼슘, 마그네슘, 철 성분의 함수 규산염이다.

각섬석의 성분은 석영, 운모 등을 주성분으로 하는 화강암 또는 화산암의 일종인 안산암이 땅속에서 용해되고 응고하여 형성된 완전한 고용체이다.

연옥의 색상은 녹색, 적갈색. 황갈색, 회색, 백색, 흑갈색 등이다. 철 함유량이 많을수록 녹색이 짙어진다.

옥은 인체에 필요한 광물질, 칼슘, 마그네슘을 함유하고 있으며 성분 중에는 마그네슘이 40%를 차지하고 있다. 천연 옥은 산소를 활성화하여 인체에 맑은 피를 공급하고 혈액순환과 신진대사 촉진 등 스테미너를 유지시키고 체내의 노폐물을 배출시켜 건강을 유지해 준다고도 한다.

사진1-46. 백옥, 황옥, 흑옥

- 화학식: Ca2(Mg,Fe)5Si8O22(OH)2

- 결정학적 성질: 섬유상의 크리스털 어그리게이트 단사정계의 결정

- 경도: 6~6.5˚

- 내구성: 특별히 좋다.

- 비중: 2.95(+0.15, −0.05)

표 1-2.

경옥과 연옥의 물리적 성질

	경 옥	연 옥
화학식	NaAl(SiO3)2	Ca2(Mg,Fe)5Si8O22(OH)2
결성학적 성질	입상 또는 섬유상의 크리스털 어그리게이트 단사정계의 결정	섬유상의 크리스털 어그리게이트 단사정계의 결정
경도	6.5~7˚	6~6.5˚
내구성	특별히 좋다.	특별히 좋다.
비중	3.34(+0.06, −0.09)	2.95(+0.15, −0.05)

나. 광학적 성질

1) 경옥

- 투명도: 반투명 내지 불투명
- 광택: 유리 광택 내지 기름 광택, 깨진 부분은 거친 무요광택
- 굴절률: 1.660-1.680, 보통은 1.66

2) 연옥

- 투명도: 반투명 내지 불투명함
- 광택: 유리 광택과 유관으로 볼 때 돼지기름 흐르는 느낌, 깨진 부분은 거칠고 곰보 광택
- 굴절률: 1.606-1.632, 보통 1.61

3) 색상

옥의 색상은 품질을 좌우하는 요인으로 가치 결정의 중요한 기준이 된다. 동양의 색채 관념은 음양오행설에 기초를 두고 있다.

음양설은 만물을 이루고 있는 우주를 본체로 보는 사상으로 음양의 성격에 따라 여러 가지 상호관계를 맺으면서 자연의 변화를 가져오는데 전국시대에 형성되고 송 대에 이르러 자연현상에서 더 나아가 도덕적 의미까지 포함하게 되었다.

장홍쇠(章鴻釗)는 『석아(石雅)』라는 책에서 옥의 색상을 눈같이 흰빛(白玉), 비취같이 푸른빛(翡玉), 밀랍같이 노란빛(黃玉), 주사같이 붉은빛(赤玉) 먹같이 검은빛(黑玉) 등으로 구분하였다.

이시진(李時珍)은 『본초강목(本草綱目)』에서 황옥은 잘 익은 배 같고, 적옥은 닭벼슬 같고, 백옥은 기름 같고, 녹옥은 물총새 깃털 같고, 흑옥은 검은 칠과 같다고 하였다.

『박물요람(博物要覽)』에도 옥을 구분하기를 백옥, 청옥, 당옥. 황옥, 흑옥으로 설명하고 있다. 한자로는 옥을 색깔에 따라 푸른빛을 혼(琿), 초록빛을 벽(碧), 흰빛을 차(搓), 닭벼슬처럼 빨간빛을 문(璊), 진주홍빛은 경(瓊), 검은빛을 제(堤), 노란빛을 감(柑), 속이 들여다보이는 것을 벽(璧)이라고 하였다.

백옥은 엷은 푸른빛에서 희미한 회색을 이르는 색채로 이루어져 있으며, 아주 진한 순 황옥은 구하기 어려우며, 이와 같은 양질의 황옥은 양지옥과 버금가는데 옅은 황옥이 대부분이다.

벽옥은 진초록에서 엷은 초록색에 이르는 색채로 색이 균일하고 밝은 색조를 띤 것을 으뜸으로 치는데 석회질이 포함되거나 크고 작은 반점이 있으면 품질이 떨어진다. 청옥은 하늘색에서 진한 청색에 이르는 색채로 백옥을 따르지는 못한다.

당옥은 흑설탕 색과 비슷한 색채로 최고 품질은 혈홍색이나 색의 차이가 심한 편이다. 한 조각의 옥 덩어리에서 백옥과 당옥이 함께 섞여 있으면 흰색 부분을 살리는 것이 당연하다.

5. 옥의 유사석

가. 사문석(serpentine)

사문석은 단사정계 결정형을 지니며 물을 함유하고 마그네슘이 풍부한 판상형의 규산염 광물이다. 판상 규산염 광물이면서 물을 함유한 만큼 밀도가 낮으므로 경도가 약한 것이 특징이다. 또한 규산염층이 겹겹이 쌓여있고 규상염층 사이에 수산화기가 포함된다. 일반적인 화학성분은 $Mg_3Si_2O_5(OH)_4$이지만, 한 종류의 광물이 아니라 성분비의 변화에 따라 여러 가지 변종이 있으며 그러한 마그네슘이 포함된 수산화 규산염 광물을 총칭한다.

대표적으로 안티고라이트(antigorite)와 온석면(chrysotile), 리자다이트(lizardite), 6층 오소 사문석 등의 광물이 있으며 이들의 집합체를 의미하기도 한다. 이처럼 사문석의 생성에는 마그네슘과 물이 풍부하게 필요하며 알루미늄이 필요하지 않다는 특성 때문에 주로 고철질 암석(mafic rock) 혹은 초고철질(ultra mafic)의 수화 변질의 결과물로 생성된다.

대부분의 사문석은 안티고라이트 또는 삼사정계의 리자나이트의 형태로 발견되며, 이것이 잘 자란 경우 연녹색에서 짙은 녹색의 결정을 이룬다. 같은 판상 광물이지만 운모 광물들과는 전혀 다른 생김새를 갖는다.

사진1-47. 사문석 원석

사진1-48. 사문석 제품

사문석의 주요 색상으로는 황록색, 녹색, 암녹색, 갈적색, 갈황색 등을 나타내며 반투명 또는 불투명하다. 조흔색은 흰색이며, 지방광택(脂肪光澤), 토상광택(土狀光澤), 진주광택 등이 난다.

- 화학식: $Mg_3Si_2O_5(OH)_4$
- 결정계: 사방정계(Orthorhombic)
- 굳기: 2.5-4
- 비중: 2.5- 2.65
- 벽계: 1방향, C 축에 수직
- 규산염구조: 판상(phyllosilicates)

- 결정형: 판상, 비늘(scaly), 괴상(massive) 등
- 조흔색: 녹색이 감도는 흰색
- 주요 색상: 연두색, 노란색, 검은색[1] 등

나. 크리소프레이즈(Chrysoprase)

크리소 프레이즈는 반투명 내지 투명도가 약한 녹황색의 칼세도니이다. 그러므로 염색한 암녹색의 칼세도니 수정을 녹색 오닉스, 또는 크리소 프레이스로 호칭하는 것은 옳지 못하다. 크리소 프레이즈는 오스트레일리아제이드라고도 호칭되며, 주로 오스트레일리아에서 많이 산출되고 있다.

보석업계에서는 크리소 프레이즈를 크리소라고 부르기도 하는데 크리소 프레이즈는 천연의 칼세도니에만 사용되는 용어로, 인공착색을 가한 짙은 녹색의 것과는 구별된다. 특징은 줄무늬가 없고 반투명으로 밝은 황록색을 띠고 있다.

사진1-49. 크리소 프레이즈

사진1-50. 크리소 프레이즈 오벌형

윤예노 옥공예

비취와 색이 비슷하기 때문에 오스트레일리아에서 산출되는 양질의 크리소 프레이즈는 호주 비취라고 부르기도 하는데, 이는 상품명일 뿐 학명은 아니다.

- 화학성분: 이산화규소(SiO2)
- 결정계: 삼각결정계
- 굴절률: 1.53
- 비중: 2.58~2.64
- 경도: 6.5-7°
- 색상: 녹색, 녹황색

다. 아이도크레이즈(Idocrase)

싱그러운 녹색을 가진 아이도크레이즈는 세계 각지에서 산출되고 지역에 따라 아주 다양한 이름으로 호칭되고 있다. 녹색의 비드 형태로 주로 가공되고 유통되어 녹색이란 이미지가 강하지만 노랑, 파랑, 빨강 계열의 베수비아나이트도 존재하며 그 색에 따른 이름 또한 각각 달라 너무 많은 이름을 갖고 있다.

양질의 베수비아나이트는 마치 페리도트나 크롬다이옵사이드에 필적한 아름다움을 갖고 있으며 4㎜ 이하 작은 크기로는 투명도가 있는 보석질의 베수비아나이트를 비교적 어렵지 않게 볼 수 있다.

사진1-51. 아이도크레이즈 원석

사진1-52. 베수비아니이트 비드

- 화학식: Ca10Mg2Al4(Si2O7)2(OH)4
- 결정 구조: 정방정계
- 색상: 황록색, 녹황색, 황갈색
- 굴절률: 1.713~1.718
- 편광: DR(굴절률이 1.718-1.713=0.00)

라. 하이드로그로슐라 가넷(hydrogrossular garnet)

탄생석이란 사람이 태어난 달을 상징하는 보석을 말하며 하이드로그로슐라 가넷은 1월의 탄생석이다.

가넷은 붉은빛 색상이 가장 많은 원석으로 되어 있고, 석류처럼 붉은빛을 지니고 있어 석류석이라고 부르기도 한다.

가넷은 보석 중에 가장 오래된 종류 중 하나로 고대 이집트와 로마, 그리스에서는 보석장식품으로 사원, 교회의 창문 등에 장식되어왔다. 이러한 가넷은 예로부터 몸에 지니고 있으면 건강을 지켜주고 성공을

윤예노 옥공예

불러온다고 믿었으며, 특히 멀리 여행을 할 때 지니면 모든 위험에서 벗어날 수 있다고 믿어 선물을 하는 풍습도 있었다.

사진1-53. 하이드로그로슐라 가넷 원석　　　사진1-54. 녹황색 오벌 가넷

유럽이나 북아메리카 인디언들은 가넷이 죽음으로부터 생명을 보호한다고 믿고 몸에 지니고 무기로도 사용하였다. 이러한 가넷의 색은 붉은색 외에도 갈색, 흑색, 녹색, 황색, 분홍색, 색이 없는 무색까지 다양하다.

가넷은 주로 규소를 포함하는 광물로 유리와 같은 광택이 있어 투명도가 높을수록 그 가치가 높다.

- 결정구조: 등축정계
- 투명도: TL-0
- 스펙트럼: 색에 따라 다름
- 굴절률: 1.720
- 비중: 3.47
- 모스경도: 6.5~7.5°

마. 옥의 유사석 결정구조

표 1-3.

옥의 유사석 결정구조

	써펜틴	크리소 프레이즈
화학성분	Mg3Si2O5(OH)4	이산화규소(SiO2)
결정계	사방정계	삼각결정계
굴절률	1.560	1.53
비중	2.5~2.65	2.58~2.64
경도	2~6°	6.5~7°
색상	황색, 황녹색	녹색, 녹황색
	아이도 크레이즈	하이드로그라슐라가넷
화학성분	Ca10Mg2Al4(Si2O7)2(OH)4	Ca3Al2Si3O12-x(OH)4X
결정계	정방정계	등축정계A
굴절률	1.713	1.720
비중	3.40	3.47
경도	6°	6.5~7.5°
색상	황록색, 황갈색	적색, 분홍색, 녹색

2장

옥의 가공

조선시대에는 옥돌을 캐는 사람을 노옥(橃玉)이라고 하고 옥을 다듬는 사람을 옥장(玉匠), 옥인(玉人)이라고 하였으며, 옥의 제작이나 판매장을 옥방(玉房)이라고 불렀다.

옥장 혹은 옥인이 했던 옥을 다듬는 일은 현대에 이르러서 크게 자르기, 갈기, 뚫기, 조각, 광내기 등 5가지 과정을 거치며 이루어진다. 각 과정에는 크고 작은 여러 가지 기계와 공구를 사용하여 작업을 한다.

1. 보석연마의 종류

가. 캐보션형

일반적으로 경도가 낮은 돌이나 불투명한 돌은 캐보션 커트를 하게 되는데 그 이유는 경도가 낮은 경우 파세트 연마를 하더라도 면의 각이 잘 살지 않게 되며, 불투명한 돌의 경우에는 파세트 면만 가져오게 되기 때문이다. 또한 비교적 값이 싼 돌은 캐보션 커트가 사용되지만 그렇지 않은 원석은 캐보션형으로 연마를 한다.

1) 단순 캐보션(simple cabochon)

사진2-1 (A)와 같이 상부면은 둥글고 하부 면은 평평한 것으로 둥근 면에는 높은형, 낮은형, 중간형의 종류가 있으며 일반적으로 가장 많이 이용된다.

2) 이중 캐보션(double cabochon)

사진2-1의 (B)와 같이 상부면과 하부면이 모두 둥글고 보통 거어들(girdle) 상부의 높이가 하부보다 높으나 그 반대의 경우도 있다. 스타석, 캐츠아이, 월장석 등에 많이 사용된다.

3) 오목한 캐보션(hollow cabochon)

사진2-1의 (C)와 같이 하부면을 오목하게 판 것으로 주로 어두운색의 돌을 얇게 하여 밝게 보이도록 하려는 목적으로 사용한다.

4) 렌틸 캐보션(lentil cabochon)

사진2-1의 (D)와 같이 단순 캐보션은 비교적 얇고 평평한 것으로 상, 하 양면이 동일할 정도로 둥글게 되어 있으며 보통 오팔을 깎는 데 많이 적용된다.

5) 역 캐보션(reverse cabochon)

사진2-1의 (E)와 같이 단순 캐보션의 정점(頂点)을 오목하게 뚫은 것으로 성채석이나 묘안석에 특별한 효과를 얻기 위해서 사용한다.

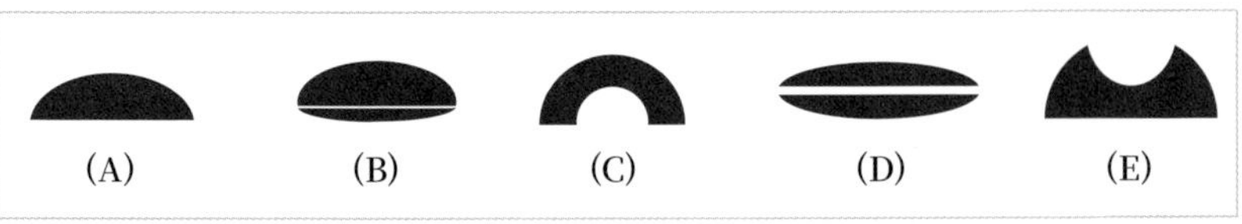

사진2-1. 캐보션

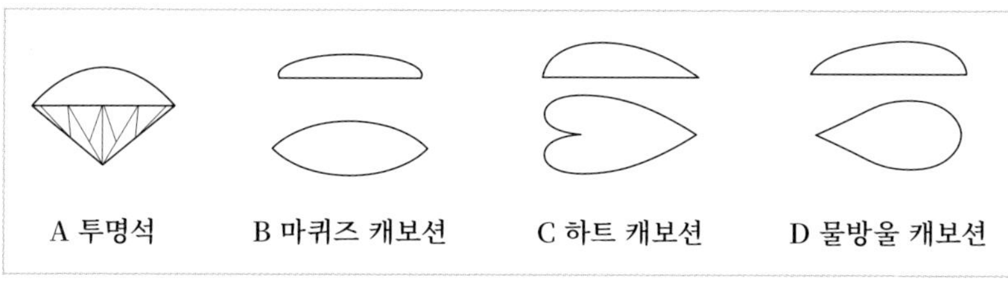

사진2-2. 캐보션의 종류

나. 패싯형

1) 브릴리언트 커트(brilliant cut)

브릴리언트 커트 스타일에서 가장 중요한 것은 58면을 가지는 표준 원형(standard round brilliant)이다. 크라운에는 33면이 있는데 이것은 테이블 1개, 스타면 8개, 하부 거들면 16개로 되어 있고, 큐랫(culet) 1개, 파빌리온 8개, 하부 거들면 16개로 되어 있다. 큐렛은 생략되기도 하며 이 경우 파빌리온은 24면이 된다.

-크라운(crown): 거들의 윗부분

-테이블(table): 가장 크고 거어들의 평면과 평행하는 면

-스타면(star facet): 크라운에 있으며 테이블에 접한 삼각형 면

-베즐면(bezel facet): 크라운에 있는 주면(主面)으로 사각형이며 크라운 주면(crown main facet)이라고도 한다.

-상부 거들면(upper girdle facet): 크라운에 있으며 거어들에 접해 있는 면으로 크라운 파면(破面, crown break facet)이라고도 한다.

-파빌리온면(pavilion): 거어들의 아랫부분

-하부 거들면(lower girdle facet): 파빌리온에 있으며 거어들과 접
해 있는 면으로 파빌리온 파면이라고도 한다.

-파빌리온면(pavilion facet): 파빌리온 주면으로 사각형이다.

-큐렛(culet): 아주 작은 파빌리온의 맨 끝 면으로 거어들 평면과
평행하는 면

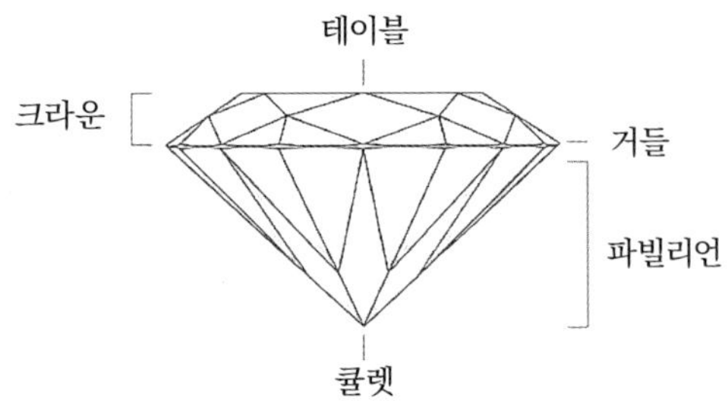

사진2-3. 다이아몬드 컷 전체

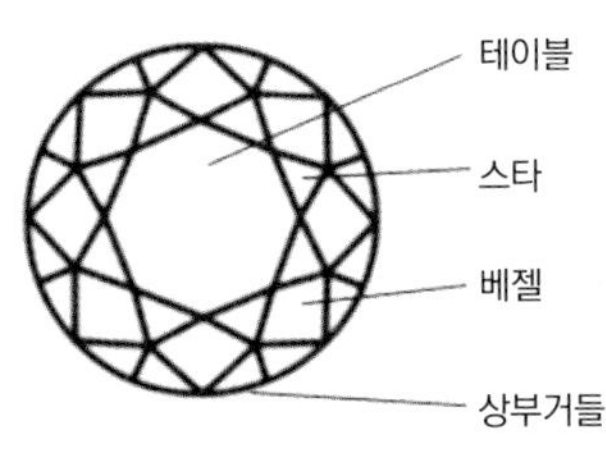

사진2-4. 크라운면

윤예노 옥공예

2) 스텝 커트

이 형은 사진2-5와 같이 모든 면이 거어들 가장자리와 평행하는 사각형으로 구성되는 것이 특징이며, 각 면이 보통 계단의 단계와 비슷한 줄 또는 층으로 배열되어 있고 그 때문에 이 명칭이 붙어 있다.

스텝커트 스타일 중에서 가장 중요한 것은 에메랄드 커트이다. 에메랄드 커트는 가로와 세로의 길이가 같으면 정사각 에메랄드 커트라 한다. 에메랄드 커트도 58면(8개의 거들면을 포함)을 가진다.

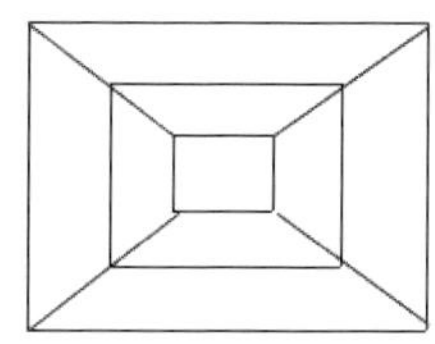

사진2-5. 스텝커트

3) 혼합커트 (mixed cut)

윗면은 캐보션 커트, 아랫면은 브릴리언트 커트나 스텝커트 또는 그 반대의 경우를 적용하여 연마한 것을 혼합 커트라 한다.

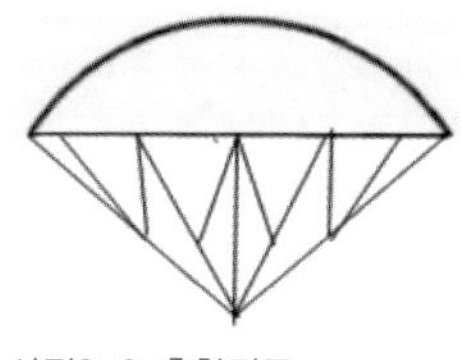

사진2-6. 혼합커트

다. 조각보석과 새김보석

조각보석은 돌의 보이는 전면을 가공하여 만든 것이고, 새김보석은
돌에 조각을 하기는 하나 표면 일부는 가공을 하지 않고 디자인의 배
경으로 남겨 둔다.

1) 카메오(cameo)

카메오는 작은 조각 예술품이다. 카메오의 역사는 이집트와 그
리스 시대로 거슬러 올라간다. 로마 시대에 이르러 최고의 전성기
를 맞이했으며 많은 훌륭한 작품들이 오늘날까지도 전해진다.

초기의 조각은 인탈리오(intallio)로서 음각을 한 도장들이 많이
사용되었다. 로마 시대에 와서 왕이나 왕족들이 자기 얼굴을 카메
오로 만드는 것을 즐기면서 많은 카메오 작품이 만들어졌다. 특히
로마 시대 황제로 등극한 아우구스투스의 조상(彫像)은 오늘날까지
도 전해지고 있다. 얇은 두께로 양각한 카메오에 나타난 장인들의
경지에 이른 조각 솜씨는 저절로 감탄이 나오게 할 만큼 훌륭하다.

● 카메오의 종류

-돌 카메오(stone cameo): 자연석으로 조각

-조개껍데기 카메오(shell cameo): 조개껍데기로 조각

-산호 카메오(coral cameo): 산호로 조각

-인조석 카메오(synthetic stone cameo): 인조 보조석으로 조각

-모조 카메오(imitation cameo): 유리 또는 플라스틱으로 조각

2) 인탈리오(intallio)

인탈리오는 디자인이 돌 속으로 새겨진 것이기 때문에 모든 디자인이 사진2-7 (B)와 같이 거어들 가장자리 아래에 음각된다.

때로는 상을 음각하는 수도 있고 또는 배경을 음각으로 처리하고 상을 양각으로 돌출시키는 수도 있는데, 인탈리오는 주로 문장으로 사용된다.

카메오와 마찬가지로 인탈리오는 천연석, 인조석, 모조석 등의 재료로 만들어진다.

3) 셰비(chevee)

셰비는 사진2-7의 (C)와 같이 타원형의 음각에 카메오의 디자인을 붙인 셰비의 한 변형이다.

4) 크벳(cuvette)

크벳은 사진2-7의 (D)와 같이 타원형의 음각에 카메오의 디자인을 붙인 셰비의 한 변형이다.

5) 스케럽(scarab)

지중해 연안에서 발견되는 갑충을 조각하거나 파낸 보석 등을 말한다.

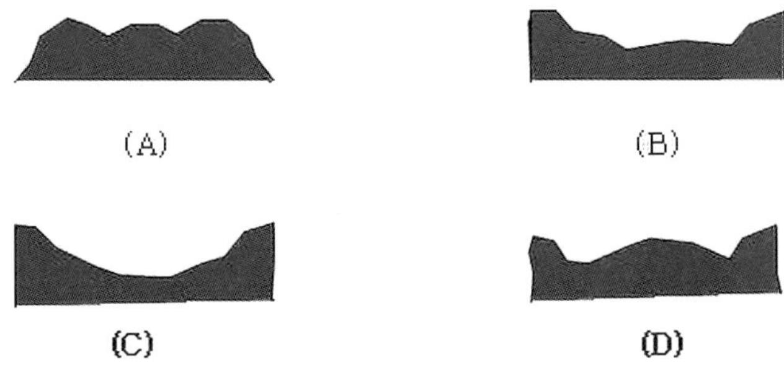

사진2-7. 인탈리오

6) 조상(statuettes)과 입상(figurines)

보통 품질이 조금 떨어지는 보석 재료 조각해서 동물, 인간, 나뭇잎, 꽃, 사원 등을 만든 것을 가리킨다. 이외에도 보통 보기 싫은 흠을 제거하는 방법으로 드릴로 뚫어서 만들어진 구멍으로부터 조각을 한 피어스드 조각(pierced carvings)과 일루젼(illusion) 커트 등이 있다. 일루젼은 주로 투명한 수정으로 각도와 경사를 달리하는 홈(groove)과 삼각형의 기둥 등으로 만드는데, 반대 면에서 보면 파여진 끝에 경사져 있는 다른 두 면으로부터 홈이 반사하기 때문에 입체적으로 보이는 특징이 있다.

2. 보석연마기의 종류 및 구조

가. 대절단기(slave sawing)

대절단기는 큰 원석을 슬래브 형으로 절단하는 데 사용하는 절단기이다. 톱날의 크기에 따라 18인치, 16인치, 14인치, 12인치, 10인치, 9인치로 구별되는데 이 중에서 9인치와 10인치 크기는 세절단과 겸용으로 되어 있다.

톱날의 크기에 따라 절단이 가능한 원석의 두께는 9인치에서 5~6㎜, 10인치에서 6~6.5㎜, 12인치에서 8~8.5㎜, 14인치에서 10~11㎜, 16인치에서 12~13㎜, 18인치에서 14~15㎜의 두께가 적당하다.

1) 사용방법 및 순서

- 원석의 고정: 절단 도중 원석이 움직이지 않도록 고정시키고 그 주위에 있는 조각들을 제거한다.
- 원석의 물림: 실제 연마 작동을 위해 원석을 톱에 처음으로 보내는 것

이다. 모터에 시동을 걸어 원석의 공급 속도를 천천히 하여 잠시(1~2분) 연마를 한 후 모터를 멈추고 모든 상태를 점검한다. 점검이 끝난 후 자르고자 하는 선을 따라 일직선으로 자를 수 있게 되면 모터에 시동을 걸어 톱질을 계속한다.

절단 작업 도중 톱날이 일직선 상태를 벗어나면 한쪽 방향으로 기울어지는 경향이 있다. 이런 상태에서 연마가 계속되면 톱날이 파손을 가져올 우려가 있으므로 절단 속도를 되도록 천천히 하는 것이 좋다.

- 절단의 끝맺음: 원석 절단이 끝나면 전원 스위치를 끄고 원석이 원하는 형태와 치수로 절단되었는가를 확인한 후, 절단기의 각 부분을 청결하게 하여 다음에 쓸 때 지장이 없도록 한다.

2) 절단장비, 재료

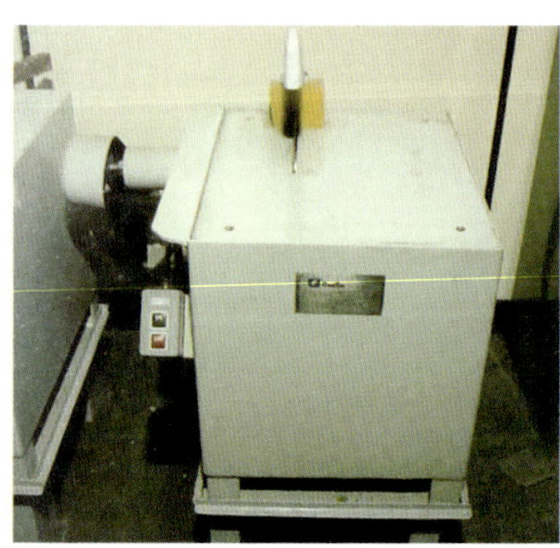

사진2-8. 대절단기

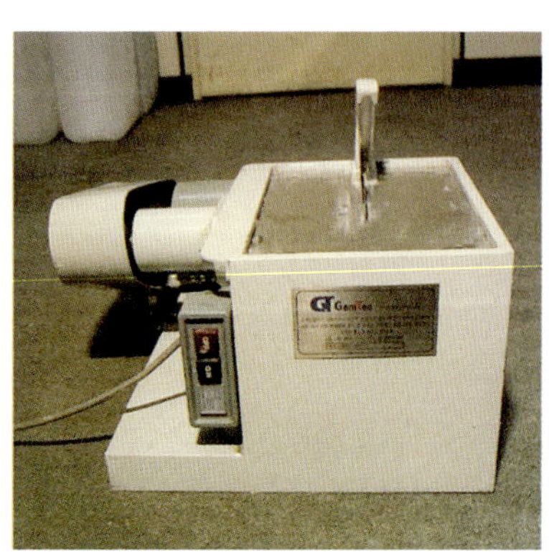

사진2-9. 소절단기

사진2-10. 8인치 다이아 톱날(통으로 된 큰 원석을 재단할 때 사용)

사진2-11. 6인치 톱날(작은 원석을 세밀하게 절단할 때 사용)

나. 소절단기

소절단기는 작고 거친 부분과 슬래브를 다듬는 데 광범위하게 쓰이는데 좀 더 작고 덜 복잡한 절단기이다. 중요한 특징은 하나의 강한 금속탱크가 톱의 축을 받치고 있는 금속 탁자로 윗부분에 톱날을 표출시키고 있다는 점이다.

톱날의 위에는 하나의 작은 금속이나 플라스틱 뚜껑이 있어서 냉각제가 튀는 것을 방지하고 있다. 톱날에는 철제와 구리의 2종이 있는데, 8인치, 6인치 크기의 것이 많이 쓰이는 편이고 어느 것이나 끝에는 다이아몬드 가루가 부착되어 있다.

철제 톱날은 두께가 약 1㎜ 정도로 튼튼하고 오래가기 때문에 비교적 큰 원석의 대절단(slab sawing)에 많이 사용된다. 옥, 오팔 같은 고가의 원석을 이것으로 자르면 1㎜ 이상의 폭으로 달아나 버리므로 대개의 경우 구리 톱날을 사용한다.

　구리 톱날은 철제 톱날보다 훨씬 좁고 손실도 적게 된다. 그러나 얇기 때문에 철제 톱날보다 절단 작업이 어려워 원석을 반듯하게 절단하지 않으면 톱날 쪽이 삐뚤삐뚤한 원반으로 구부러져 톱날을 버리게 된다.

다. 수직형 연마기

　수직형 그라인더는 프레폼(preform)을 잡을 때 초기 단계에서 사용되는 연마 공정이다. 여기에 사용되는 연마판 등 가장 일반적인 것은 여러 모양과 크기가 있는데 실리콘 카바이드(silicon carbide)로 만들어졌으며 용도가 다양한 만큼 다른 크기의 입자로 되어 있다.

사진2-12. 수직형 연마기

윤예노 옥공예

부서진 모래, 가넷, 금강사, 그리고 다른 강한 물질들이 보석연마 작업에서 연삭 목적을 위해 사용되나, 오늘날은 실리콘 카바이드가 가장 중요한 연마재로 선택되고 있다. 실리콘 카바이드는 탄화규소 합성용 공업 연마재, 금강사, 카보런덤 등과 같은 이름으로 판매된다. 100그리트(grit)의 입자는 거칠지만 1,200그리트의 입자는 매우 곱다.

보석연마에 사용되는 그리트별 입자는 표와 같다.

표 2-1.

그리트별 입자의 크기

분말의 크기(grit size)	인치 단위의 크기	용도
60	•0016	거친 랩연마•그라인더 연마•텀블링
100	•0068	거친 랩연마•그라인더 연마•텀블링
220	•0026	중간 랩연마•그라인더 연마•텀블링
400	•0009	중간 정도 고운 랩연마•그라인더 연마•텀블링
600	•00033	거친 다듬기
1,200		고운 다듬기
2,000		대단히 고운 다듬기
3,000		대단히 고운 다듬기
8,000		대단히 고운 다듬기
14,000		광택제
50,000		대단히 고운 광택제
100.000		대단히 고운 광택제

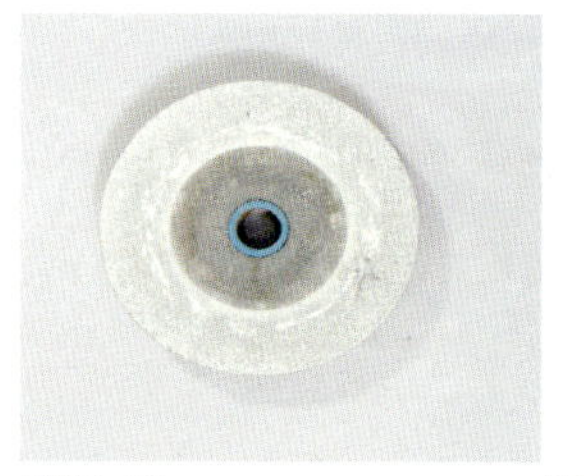
사진2-13

사진2-14

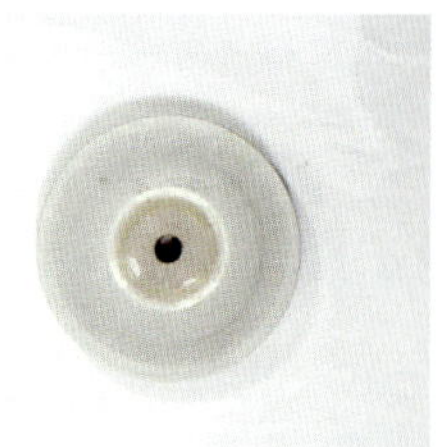
사진2-15

사진2-13. 연마석(80)은 연마장비에 부착하고 옥 갈기를 할 때 사용한다.

사진2-14. 금강사 연마석(80)은 옥의 거친 부분을 1차적으로 매끈하게 갈기를 하는데 사용한다.

사진2-15. 금강사(220) 연마석은 거친 부분을 1차적으로 간 다음 그 부분을 더 고운 연마석을 사용하여 매끈하게 작업한다.

라. 조각기

원석조각을 할 때 사용하는 조각기이다. 조각기 구성은 모터에 꺾어지는 삼단을 고정시키고 손잡이를 부착하여 손잡이가 자유롭게 움직이며 조각하는 삼단 조각기이다.

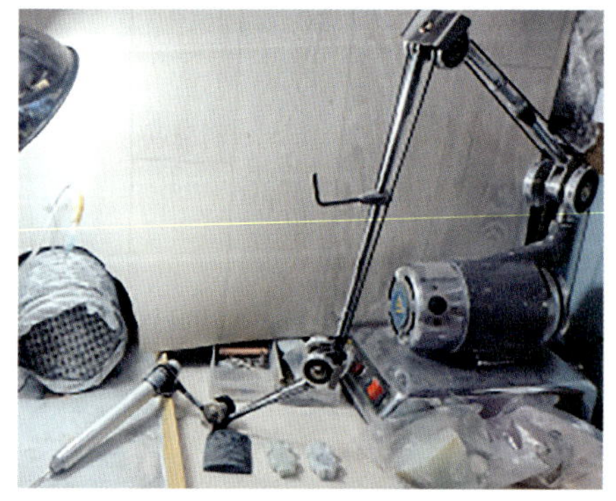
사진2-16. 조각기

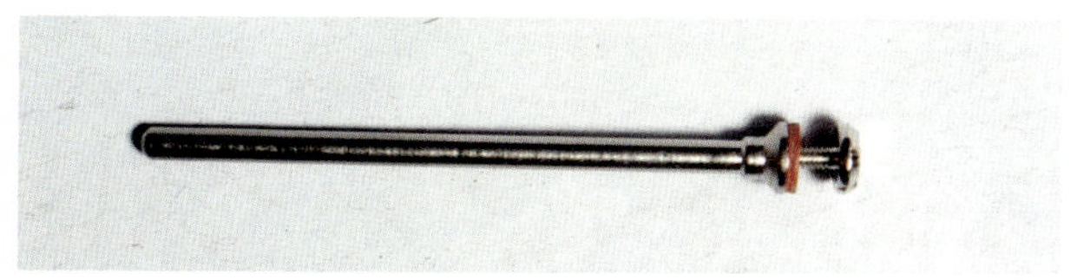

사진2-17. 조각기 손잡이에 부착하여 사용하는 드레멜 공구

사진2-17 드레멜 공구는 작은 연마석. 다이아 힐 등 여러공구를 끼우고 조각을 할 때 다용도로 사용된다.

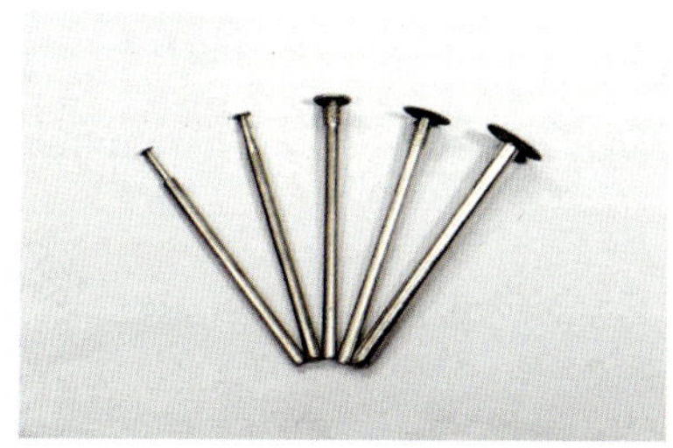

사진2-18. 칼날형 다이아 공구

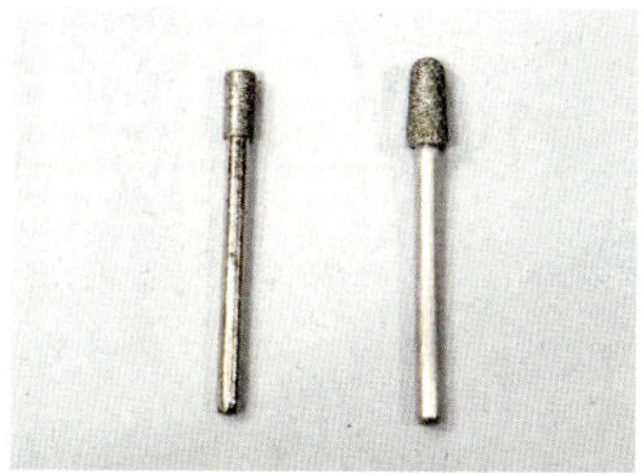

사진2-19. 막대형 공구

사진2-18 칼날형 다이아 공구로 조각기에 부착하고 옥을 파내기나 조각을 할 때 사용되는 공구이다.

공구의 지름 크기는 10㎜, 8㎜, 6㎜, 3㎜, 2㎜의 다양한 크기로 만들어져 있다.

사진2-19 막대형 공구와 끝이 둥근 모양의 다이아 공구이다. 사용 용도는 조각이 된 거친 부분을 매끈하게 다듬기를 할 때 사용되는 공구이다.

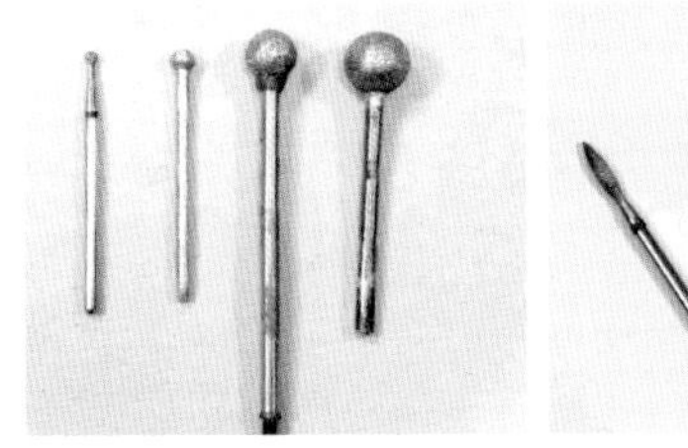
사진2-20. 다이아 원형공구

사진2-21. 뾰족한 공구

사진2-22. 거친 빠 종류

사진2-20 조각작업에 자주 사용하는 다이아 원형공구의 크기는 지름이 10㎜, 8㎜, 5㎜, 3㎜ 등 다양하다. 사용 용도는 옥의 오목한 부분을 조각할 때 쓰인다.

사진2-21 길고 끝이 뾰족하여 뾰족한 공구로 불린다. 사용 용도는 구멍을 늘리거나 옥판의 구멍이 있는 곳에 투각조각을 할 때 조각기에 부착하여 사용한다.

사진2-22 공구의 끝에 골이 파여 있어 거친 빠라고 한다. 사용 용도는 호박(천연밀화) 같은 경도가 약한 유기석 조각에 사용된다.

마. 천공기

사진2-24. 금속 재료 강선

사진2-23. 옥판에 구멍을 뚫을 때 사용하는 천공기

바. 수평형 연마기

　수평형 연마기의 연마 과정은 거친 연마재를 올려놓은 연마 판에다 원석을 문지름으로써 간단하게 이루어진다. 이런 연마 방법은 평탄한 표면이 요구되는 곳에 사용되는데, 평탄한 표면이 요구되는 마노, 목화석, 상감세공, 모자이크 세공 등에서 아름다운 색과 형태를 보여줄 목적으로 사용된다.

　연마할 때는 표면을 빨리 갈기 위해서 거친 연마재로 연마를 시작하는 것이 통례이며, 나중에 광택을 낼 수 있도록 마무리할 때는 아주 고운 연마재를 사용한다.

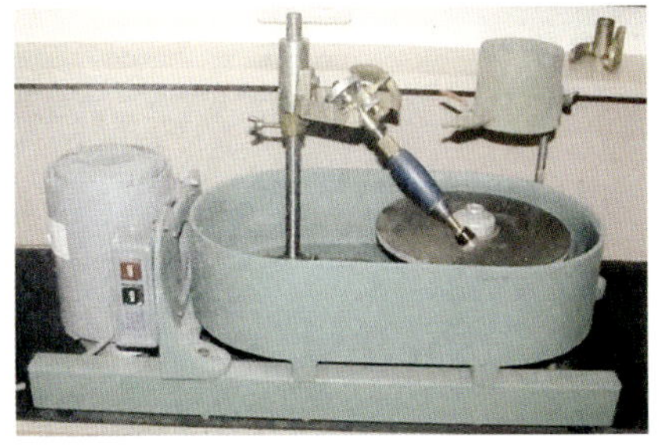

사진2-25. 수평형 연마기

사진2-26. 광택 내기

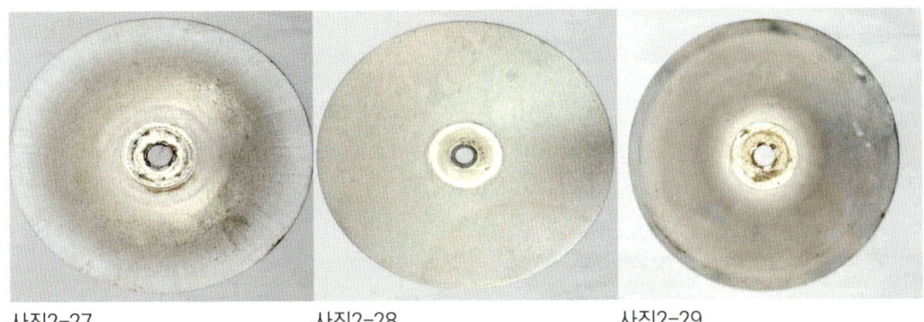

사진2-27   사진2-28   사진2-29

사진2-27. 거친 다이아 디스크 판. 거친 다이아 디스크 판은 옥의 평면을 갈 때 사용하고, 중간 거친 다이아 디스크 판은 옥판 평면을 곱게 갈기 할 때 사용한다.

사진2-28. 중간 거친 다이아 디스크 판

사진2-29. 고운 다이아 디스크 판. 고운 다이아 디스크 판은 옥의 평면을 갈고 광 작업을 하기 전 단계로 연마하는 과정에서 사용된다.

사. 광택 작업

보석연마의 마지막 단계는 광택을 내는 것이다, 대부분의 광택제는 금속의 산화물로서 철의 산화물인 산화제이철(iron of oxide), 산화제이 녹철(greenor-uge), 크롬산화물(chromium oxide), 주석 산화물(tinoxide), 세륨 산화물(cerium oxide) 등이 있다. 산화물은 일반적으로 굳어 있지만 높은 온도에서는 용해된다.

1) 알루미늄 산화물(aluminium oxide)

알루미늄, 분말 알루미늄, 사파이어 분말, 루비 분말, 루비 딕스 (ruby dix), 린데A 등이 있다. 이것들은 화학적으로는 동일하나 제조 방법에 따라 여러 가지로 정제된다. 몇몇 루비와 같이 통칭되는 것들은 혼합된 강옥을 분쇄하여 만든다.

린데 A는 아주 단단한 고운 분말 상태이다. 그런데 이런 연마제는 혼합된 강옥으로 만들어진 핑크색의 것을 제외하고는 모두 흰색으로 보석과 금속의 광택 작업에서 폭넓게 사용된다.

천연 보석 작업 시 쓰는 분말 알루미늄은 산화세륨, 산화주석, 또는 린데A와 같이 빨리 광택을 내는 것은 아니나 값이 싸기 때문에 일반적으로 많이 사용된다.

2) 탄소(carbon)

다이아몬드, 보츠(다이아몬드 부스러기), 보오트(boart), 흑금강석은 색이 없고 누르스름하면서 희끄무레한 불용해성이다. 분쇄된

다이아몬드는 보석용으로는 부적당하고 연마용으로는 분말 크기로 준비되어야 하는데, 광택 작업용으로는 3,200~6,400 그리트의 분말이어야 한다.

3) 산화세륨(ceric oxide)

세륨 산화물, 세륨은 누르스름한 핑크색이고 농도 높은 황산, 질산에 많이 사용되며 또한 녹주석에도 많이 쓰인다.

4) 산화크롬(chromic oxide)

크롬, 녹색 크롬, 크롬 족색 산화물 등은 어두운 녹색을 띠고 있으며 사용상 번거로움이 있고 손이나 옷가지 등에 묻으면 제거하기 어려운 단점이 있다. 이 광택제는 캐보션 형태의 천연 보석을 광택 낼 때 많이 쓰이며 특히 비취에는 매우 좋다.

5) 산화제이철(ferric oxide)

철의 붉은 산화물, 산화제이철은 화학적으로 적철광과 동일시한다, 색은 어둡고 붉은색을 띠며 염산에 용해된다. 산화제이철은 같은 효력을 갖는 세제 혼합물의 능력 때문에 좀처럼 보석 연마에는 사용되지 않지만 광택을 내는 데는 많이 사용되기도 한다.

6) 실리콘 이산화물(silicon dioxide)

규산암석(tripoli)으로 화학적으로 석영과 동일하여 색은 희미한

갈색을 띤 노란색이며 하얗다. 조금 진한 알칼리성에 약간 용해되며 염산과 암모니아의 뜨거운 물에도 용해된다.

7) 펠트광판(felt)

양모를 압축해서 만든 양모판이 광판으로 가장 많이 사용된다. 작은 보석들을 광택 내는 데 필요한 양모판의 크기는 지름이 30.5㎝, 두께가 5.1㎝정도가 좋고 양모 판의 두께는 2.5~5.1㎝가 적당하다.

8) 버프광판(buffs)

- 고체 펠트 광판(solid felt wheels): 많이 이용되고 있는 광판은 고품질의 양모를 압착하여 만들어지며 가장 좋은 품질의 것은 록하드(rock hard)라고 불린다. 고체 펠트 광판은 강하지 못하기 때문에 소형 보석 연마에 쓰이며 2.5㎝ 이상의 두께가 필요하다.

플랜지(flange)는 축으로부터 광판이 미끄러지지 않도록 하고 견고하게 유지해야 하기 때문에 광판 지름의 1/3 정도로 한다. 펠트 광판의 회전 속도는 분당 1,000~2,000회(rpm)로 해야 한다.

모든 종류의 펠트 광판은 먼지와 오물 등으로 더러워지기 쉬우므로 사용하지 않을 때는 덮어두었다가 다시 사용할 때 깨끗한 신문지 등으로 털어 주어야 하며 광판의 표면이 더럽혀지지 않도록 주의해야 한다.

- 시트 펠트 광판(sheet felt buffs): 시트 펠트는 15.2~40.6㎝의 지름을 가진 연마기에 사용되며 0.4㎝ 이하의 두께이기 때문에

비틀리지 않도록 주의하여 부착해야 한다. 쉽게 찢어지거나 주름지기 때문이다. 이것은 평면뿐만 아니라 캐보션도 쉽게 폴리싱할 수 있으며 받는 압력도 비슷하다. 시트 펠트 광판은 뜨거운 물에 5분~10분 정도 담가두면 유연해진다.

10) 가죽 광판(leather buffs)

가죽 광판은 보석의 연마뿐만 아니라 원석의 광택 작업에 오래전부터 사용되어왔는데 그것은 가죽이 유용하고 손쉽게 얻을 수 있었기 때문이다.

가죽 광판은 흔히 양쪽에 고정하는 부분이 있어 중앙을 비워 놓고 양쪽에서 잡아당겨 고정시키는 방법을 주로 이용하는데, 이렇게 하면 균일하고 좋은 광판이 되어 대부분의 원석을 폴리싱 하는데 알맞고 경제적이다.

11) 천 광판(cloth buffs)

천 광판은 회전 속도가 분당 2,500~3,000회(rpm) 정도로 매우 빠르기 때문에 단단히 고정되어야만 효과적으로 작업할 수 있다. 사용되는 천으로는 올이 굵은 것과 가는 것 등 여러 가지가 사용되나 잘 찢어지지 않고 빨리 닳지 않는 것이 좋다.

12) 나무 광판(wooden buffs)

보통의 나무도 오래전부터 보석을 폴리싱 하는데 사용해 왔다.

보석 커팅으로 유명한 독일이나 프랑스에서는 일찍부터 너도밤나무를 이용하였다. 폴리싱에는 다공질의 나무가 적당한데 너도밤나무, 벗나무, 티크, 마호가니 등이 이에 속한다.

나무버프는 뒤틀리지 않도록 젖게 하거나 밀랍 등을 용해시켜 정착하기도 한다. 홈이 있는 딱딱한 나무버프는 사파이어, 루비, 크리소베릴의 캐보션 연마에 사용되며 마지막 폴리싱에는 6,400~8,000 메사 다이아몬드 분말을 기름과 혼합하여 사용하기도 한다. 다이아몬드 분말을 사용할 때 연한 나무인 경우에는 분말이 박히는(sink) 수가 있으므로 되도록 피하는 것이 좋다.

표 2-2.

보석의 종류에 따른 종류별 작업 순서(연마재는 다이아몬드 분말)

보석 명	1차 광택 작업	2차 광택 작업	3차 광택 작업
마노	1,000메시 다이아몬드 분말 15.2㎝ 광판(pad) 1,500(rpm)	14,000메시 다이아몬드 15.2㎝ 광판(pad) 1500(rpm)	28,000메시 다이아몬드 15.2㎝ 광판(pad) 2000(rpm)
옥	100메시 다이아몬드 15.2㎝ 광판(pad) 1,500(rpm)	14,000메시 다이아몬드 15.2㎝ 광판(pad) 1,500(rpm)	28,000메시 다이아몬드 15.2㎝ 광판(pad) 2,000(rpm)
오팔	3,000메시 다이아몬드 15.2㎝ 광판(pad) 1,000(rpm)	14,000메시 다이아몬드 15.2㎝ 광판(pad) 1,000(rpm)	28,000메시 다이아몬드 15.2㎝ 광판(pad) 1,500(rpm)
강옥석(루비·사파이어) 및 경도가 높은 보석	3,000메시 다이아몬드 15.2㎝ 광판(pad) 750(rpm)	8,000메시 다아몬드 15.2㎝ 광판(pad) 750(rpm)	

사진2-30. 헝겊 광 재료

사진2-31. 소가죽 광 재료

아. 원석 조각

　보석조각 공정은 원석을 절단하여 판재로 가공하고, 판재 위에 만들고자 하는 조각품 형태를 그린다. 그리고 재단기에서 형태 외형을 따낸 다음 연마장비에서 균형을 맞추어 갈기를 하고 조각기로 새김작업을 한다. 마지막으로 광내기 작업을 하여 조각품을 완성한다.

1) 원석의 검사

　원석의 형태와 색, 흠, 질을 자세히 검사해 보아야 하는데 무엇보다도 조각에 성공하려면 원석 선택이 가장 중요하기 때문이다.

　조각을 하다 보면 원석의 인성이 질긴 것이 있고 벽개가 심한 것이 있기 때문에 조심해서 조각하는 것이 중요하다. 조각을 하기 위해서는 재단이 끝난 원석에 만들고자 하는 그림을 그린다. 정확하게 그림을 그려야 다음 작업에 정교한 모양을 만들 수 있다.

2) 윤곽 조각(I)

원석 판에 그림이 완성되면 재단기에서 거어들 형태를 따내야 한다. 그림의 형태 부분을 그림에 맞추어 톱날을 깊이와 낮음 작업을 하는 게 중요하다. 재단의 마지막 작업은 정을 사용해 파내기를 한다.

3) 윤곽 조각(II)

거친 카보런덤 연마석으로 대개의 윤곽을 만든다.

4) 윤곽 조각(III)

서서히 작은 연마석으로 세밀한 부분까지를 다듬어 나간다.

5) 광택 내기

윤곽 조각이 완성되면 광택 내기 작업으로 조각품을 바렐에 넣어 600으로 4일, 산화크롬으로 4일 정도 연마한다. 그러나 깨질 가능성이 있는 것은 아무래도 바렐 연마로 되지 않으므로 역시 손으로 작업해야 하는데 이런 경우에는 조각기와 같은 기계를 사용해 끝에 나무로 된 연마판을 붙여서 산화크롬으로 문지른다. 또 바렐 연마로 연마되지 않은 부분을 여기에서 광택 내는 일도 있다. 이상과 같은 작업은 거의 수공적인 것이며 독특한 기술에 속하는 것이라고 하겠다.

3. 캐보션 연마 방법 및 순서

가. 형태 그리기(marking)

템플레이트(template)라 불리는 타원의 형을 파낸 플라스틱의 판에 대고 알루미늄 봉으로 원석 위에 어떤 형태를 취할 것인지 사진 2-32의 ①과 같이 그린다. 보통 캐보션 형의 돌의 크기는 저변의 타원을 단경과 장경으로 표현하고 높이는 특별한 경우를 제외하고는 말하지 않는다.

10×14라는 것은 단경 10㎜와 장경 14㎜의 타원이라는 뜻이다. 이 외에도 6×8과 같은 일반적인 타원에서 중요한 것은 크기 외에 원석의 어디를 택하느냐 하는 것이다. 이때는 일반적으로 원석의 흠을 피하고 무늬가 아름다운 것을 선정한다.

나. 세절단

사진2-32의 ②와 같이 트리밍이란 원석 위에 표시된 타원 외의 여분을 톱으로 잘라 버리는 것을 뜻한다.

다. 그라인딩

원석 위에 알루미늄 봉으로 표시한 선까지 1차로 100번 그라인더에 대고 연마한다. 연마 작업에 물을 공급하게 되는데, 물을 공급하는 이유는 원석을 냉각시키는 일과 깎여진 돌가루를 제거하기 위함이다. 이때 원석을 양손으로 안정되게 잡고 연마하는데, 그라인더에 원석을 약하게 대면 연마하는 데 시간이 걸리게 되고 강하게 대면 원석이 열을 받아 깨지는 수가 있다.

사진2-32의 ③과 같이 연마되었으면 이번에는 위가 되는 쪽을 정해서 거기에 사진2-32의 ④와 같이 1~1.5㎜ 정도의 내측에 작은 타원을 그리고 하부의 1㎜ 정도 올라간 곳에 하부와 상부의 선을 연결한 면까지 역시 100번으로 연마한다. 대체로 캐보션형이 되었으면 2차로 220번의 연마석으로 옮겨가 사진2-32의 ⑤와 같이 하부의 1㎜ 정도 남긴 연마를 한다.

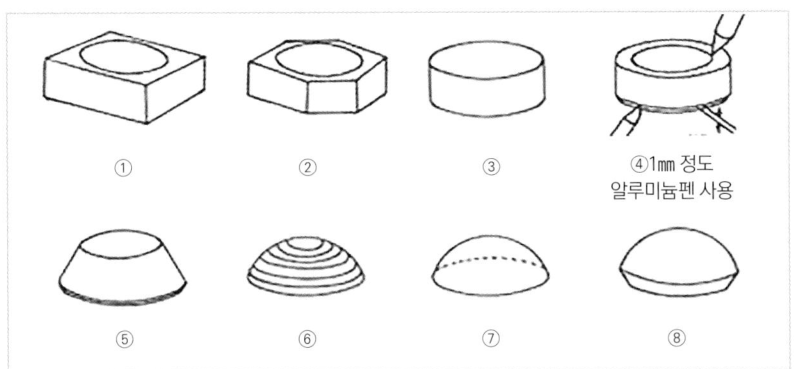

사진2-32. 형태잡기의 작업순서

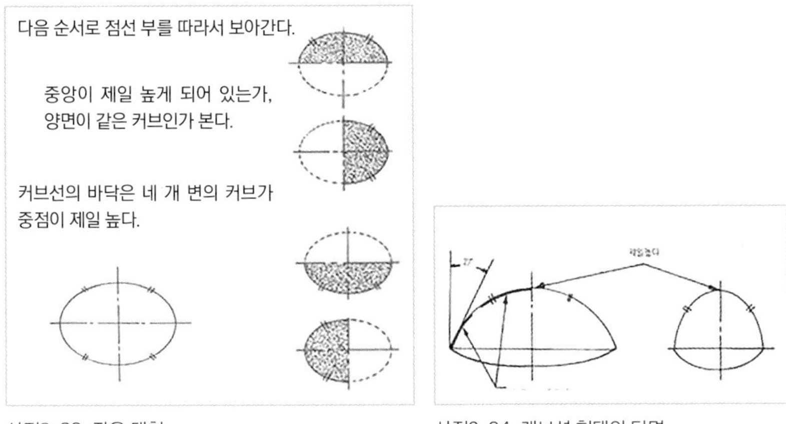

사진2-33. 좌우 대칭

사진2-34. 캐보션 형태의 단면

   이 단계에서는 정확한 형태로 다듬는 것이 중요한데, 거기에는 먼저 바닥면을 정확한 타원으로 다듬는 것이 첫째 순서이다.

   타원은 사진2-32의 ⑥과 같이 네 개의 정점을 갖고 그 양측의 커브는 좌우 대칭이다. 이 기준에 의하여 사진2-32의 ⑦과 같이 연마하고 있는 원석을 관찰해 본다. 대개는 점점이 좌우 어느 쪽에 기울어져 있든지 커브가 대칭으로 되어 있지 않은 것이 대부분이므로 우선 이것을 먼저 수정해야 한다.

연마된 원석을 관찰할 때에는 보통 상부에서 보는 일이 많다. 그러므로 저변의 타원을 정확한 형태로 잡지 않으면 아무리 상부를 깨끗하게 연마하더라도 정확한 형태로 보이지 않을 것이다. 따라서 저변의 형태를 정확하게 잡은 후 상부의 형태를 정리하는 것이 좋다.

캐보션 형태의 상부 단면은 사진2-34과 같이 세웠을 때 커브와 그것에 이어지는 상부에서 또 하나의 커브에 의해 이루어지는 타원과 같다. 그러나 타원은 중앙이 제일 높고 중앙을 경계로 좌우의 커브는 대칭으로 이루어져야 한다. 그러므로 지금까지 연마된 원석에 이러한 조건이 지켜지고 있는가를 손등 위에 올려 눈의 높이까지 올려서 관찰한다.

이런 과정으로 작업을 하여 완성 단계에 이르면 공급하던 물을 끊고 마찰열이 발생하지 않을 정도로 가볍게 연마하여 형태를 다듬도록 한다.

라. 접착하기(dopping)

샌딩 작업에 옮겨가기 전에 원석을 봉(dop stick)에 붙인다. 접착제는 셀락(shellac), 모델링(modeling) 등이 있으며, 일반적으로 셀락 대 모델링 10:1의 비율로 혼합하여 사용한다. 이것을 알코올램프나 버너로 녹여서 나무 봉의 주위에 접착시켜 나아가다 어느 정도의 두께로

접착되었으면 금속 받침에 대고 균일하게 펴
준다. 접착제를 균일하게 펴주는 작업은 손
으로 해도 좋은데 이 경우 반드시 손에 물을
묻혀 작업을 해야 한다. 만약 그렇게 하지 않
을 경우에는 화상을 입을 수가 있으므로 주의해야 한다.

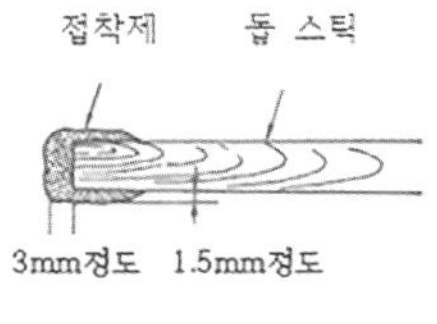

사진2-35. 접착제의 두께

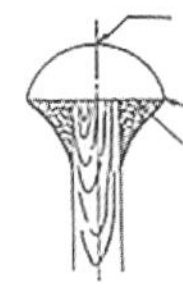

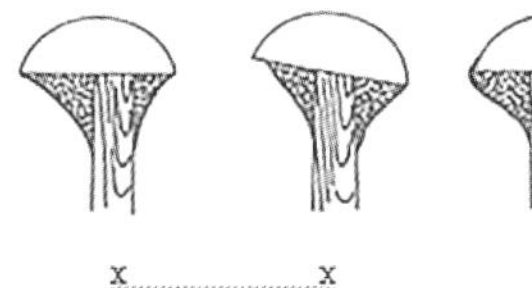

사진2-36. 원석의 위치 고정

다음은 연마된 원석을 가열하여 돕 스틱에 사진2-36과 같이 원석
을 접착한다. 이때 원석이 가열되지 않으면 접착제가 원석에 붙지 않
는 문제가 발생한다. 이때 작업 편의상 원석을 고온으로 가열하면 좋
을 것 같지만 일반적으로 보석류는 열에 약하여 잘 깨지거나 변색되
므로 가열할 때는 손을 자주 움직여 가면서 작업하여 원석 전체가 고
르게 가열되도록 세심한 주의를 기울여야 한다.

원석이 저온으로 가열되었으면 돕 스틱에 원석을 완전히 접착시키
고 손에 물을 묻혀서 부드럽게 녹아 있는 접착제를 원석 쪽으로 밀어
올려서 원석과 돕 스틱의 접착도를 강하게 해준다. 그리고 나서 그 부
분을 따뜻하게 가열해 주면 완전하게 접착되는데, 이 작업 과정에서
접착제가 부드러울 때 그라인딩과 같이 원석의 위치를 고정시켜 준다.

윤예노 옥공예

마. 샌딩하기(sanding)

그라인더 작업으로 형태는 잡혀 있지만 거친 그라인더(100번)로 연마를 하였기 때문에 표면이 매끄럽지 못하다. 그래서 표면이 매끄럽지 못한 것을 샌딩 작업 공정에서 표면을 곱게 다듬어 다음의 광택 작업에 연결시켜주는 역할을 한다.

샌딩 기계에는 디스크 샌더, 드럼 샌더, 목재 샌더, 가죽 샌더 등이 있는데 여기에서는 수평형 연마기에 샌드페이퍼를 부착하여 그 표면에 원석을 마찰시켜 연마해 나가는 작업 과정을 소개하고자 한다.

원석의 경도에 따라 다르지만 경도가 낮은 원석은 400번에서, 경도가 높은 원석은 180번에서 작업을 시작하도록 한다. 원석을 고정해서 연마 면에 대고 있으면 모처럼 다듬어진 캐보션의 곡면이 평행으로 될 위험이 있으므로 원석의 중심에 돕 스틱이 반원을 그리도록 손을 움직여주고, 원석의 하단부를 연마할 때는 돕 스틱이 좌우로 반원을 그리도록 손을 움직여 준다. 이 작업 과정에서는 어떤 경우라도 무리한 힘을 가해서는 안 된다. 무리한 힘을 가하게 되면 캐보션의 곡면이 변형될 우려가 있다.

이렇게 해서 캐보션의 전면에 180번 연마가 끝나면 400번~600번 순서의 샌드페이퍼로 옮겨 가면서 작업을 하게 되는데 샌드페이퍼의 번호가 높아감에 따라 원석의 표면이 다듬어진다.

바. 광택내기(polishing)

　여기까지의 작업으로 원석의 형태 및 표면 정리다 완성되었으면 광택 작업을 통해 표면에 광택이 나게 한다. 그것에는 보통 두 가지 방법이 있는데 양모판에 산화셀륨을 칠해서 사용하는 방법과 오동나무판에 산화크롬을 사용하는 방법이 있다. 일반적으로 경도가 낮은 보석은 산화셀륨을 사용하고 경도가 높은 보석은 산화크롬을 사용한다.

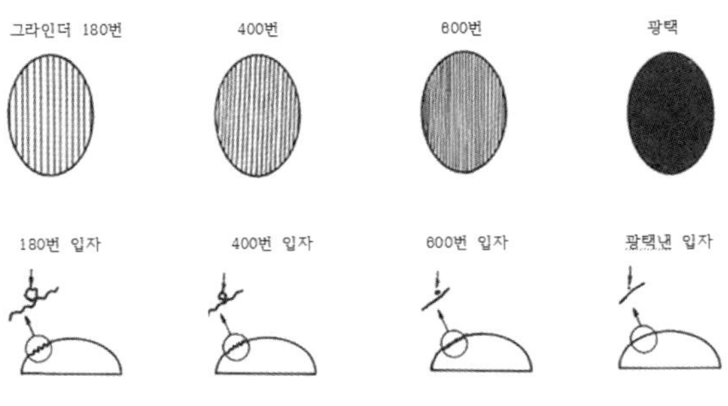

사진 II-37 단계별 표면상태

　보통 마노와 벽옥 등은 오동나무판에 산화크롬을 사용하는데, 비교적 경도가 낮은 원석은 양모판에 산화셀륨을 사용하기도 한다. 용기에 산화셀륨과 물을 1:3 비율로 섞은 것을 넣어두고 이것을 양모판 위에 칠하고 조금 있으면 물이 판에 스며들어 산화셀륨만이 양모 판에 뜨게 된다. 이때 판을 회전시켜 원석 전체를 천천히 회전시켜 가면서 강하게 밀어 광택을 낸다. 광택 작업 중 때때로 손가락으로 문질러 가며 광택 정도를 확인한다.

　이렇게 해서 원석 전체를 확인해 가며 작업을 끝낸다.

사. 돕 스틱의 분리

돕 스틱에서 원석을 분리하고자 할 때는 찬물에 담가두면 원석의 수축률이 접착제의 수축률보다 작기 때문에 손으로 약간의 힘을 가하여도 떨어지게 된다. 그러나 여름에는 이 방법이 잘 적용되지 않으므로 칼로 분리 작업을 한다.

원석을 분리한 후 원석에 남아 있는 접착제는 칼로 깎아 내거나 알코올로 닦아도 되고 그라인더에 가볍게 깎아 주어도 된다. 분리 작업은 접착 작업에서와같이 접착제 부분을 가열하여 떼어내는 방법도 있지만 이 경우 접착제가 원석에 남기 쉽다.

아. 저면의 면처리

지금까지 완성된 캐보션 하단면의 가장자리는 날카롭게 되어 있어 충격에 깨지거나 세팅 후 보석이 빠지기 쉬우므로 그라인더에 갈아 사진2-32의 ⑧과 같이 되도록 한다.

4. 옥 조각의 실제

가. 작품설정

연옥을 재료로 장식용품을 제작하기 위하여 용을 테마로 설정하여 디자인하고 백옥의 특성을 살린 용 장식품을 제작한다.

용은 동아시아의 신화 및 전설에 등장하는 상상의 동물이지만, 수많은 역사 기록에 등장한다. 특히 중국에서는 신성한 동물, 즉 영수(靈獸)라고 하여 매우 귀하게 여기며, 용이 모습을 드러내면 세상이 크게 변할 전조라고 믿어왔다.

중국의 고서에는 용을 묘사하여 잉어의 비늘, 뱀의 몸, 사슴의 뿔 등을 지녔다 하는데 황제를 표시하는 용은 발톱이 5개(오조룡, 五爪龍) 왕이나 황태자는 4개다. 우리나라에서도 용은 임금을 상징하여 임금의 용포와 여러 기물에 용무늬를 그려놓아 임금의 위상을 높이는데 애용되었다.

농경민족인 우리에게 물은 생명처럼 소중하고 가뭄이 심할 때는 용에게 기우제를 지냈고, 어로를 생업으로 삼는 어촌에서는 용왕굿이나 용왕제를 지내며, 항해의 무사와 풍어, 마을의 평안을 기원해 왔다.

용 그림과 무속의 용신 그림은 모두 길상과 벽사와 관계된 용이다. 우리는 예로부터 용의 그림과 기물을 소장하고 있으면 가정에 건강과 행운을 안겨주고 승진과 출세를 가져다준다는 속설이 있었다. 이러한 용은 현대인들에게도 많이 애용되어 우리 조상의 얼을 유지하고 알리는데 용무늬를 많이 사용한다.

그러므로 여기서는 제작 예시를 용장식품으로 하였으며, 옥 재료를 사용하여 진열용 장식품을 만드는 과정을 소개한다.

제작 과정은 원석의 선정, 절단, 연마, 조각, 광내기 순서로 가공하는 공정이다. 옥은 경도가 6~6.5의 강한 원석이므로 공구가 강하지 않으면 옥 갈아내기를 할 수가 없다. 그러므로 옥보다 강한 연마제인 공업용 다이아몬드인 절삭용 공구를 사용하여야 한다,

제작 장비로는 옥을 절단하는 재단기, 옥을 갈아내는 그라인더, 새김작업 하는 조각기, 구멍을 뚫는 천공기, 광내기를 하는 광틀 장비 등이며, 조각은 여러 공구를 사용하여 새김작업을 한다.

나. 용 그림 디자인

사진2-39

사진2-40

사진2-38

사진2-38. 용 그림 디자인 완성
사진2-39. 용 그리기
사진2-40. 용 몸통 그리기

다. 원석 고르기

옥 원석을 선택하기 전 작업이 채석이다. 채석작업은 광산 굴속에서 옥 광맥에 정으로 구멍을 뚫고 물을 뿌렸을 때 팽창과 수축이 심한 소나무를 구멍에 박아 넣고 물을 부어 나무를 팽창시키는 작업을 여러 번 반복하여야 한다. 그런 과정을 거쳐 작업하면 옥을 채석할 수 있는데, 채석한 여러 개의 옥 덩어리 중에서 용 작업할 수 있을 정도로 옥의 질이 좋은지 살피는 것이 매우 중요하다.

옥은 천연 광물이므로 땅속의 생성과정에서 크고 작은 균열이 수없이 많다. 그러므로 만들고자 하는 옥을 고른다는 것은 쉽지 않은 작업이다.

윤예노 옥공예

옥석을 고르는 방법은 오랜 경험이 없으면 애써서 고른 원석이 만들고자 하는 작품과 맞지 않은 경우가 많으므로 신중하게 고르기를 하여야 한다.

사진2-41. 원석 고르기

사진2-42. 물을 바르고 원석 확인하기

사진2-43. 선택된 우리나라 춘천연옥 원석

고르는 순서는 먼저 옥 원석의 겉면에 물을 뿌리고 옥 덩어리를 좌우, 상하로 돌려가며 파악하는 것이다. 특히 옥을 고르는 데는 표면에 금이 간 곳이 있는지 확인하는 것이 중요한데 금이 심하게 있는 원석은 작품을 만드는데 부적절한 원석이므로 제외해야 한다.

겉면에서 금 간 곳이 없는 원석도 절단 과정에서 금 간 곳이 나타날 수 있으므로 이러한 경우에도 사용할 수 없다. 옥공예 최고의 작품을 만들기 위해서는 흠이 없는 완벽한 원석을 선택하여 사용하여야 한다.

라. 원석 대절단

용의 장식용 작품을 만들기 위해 신중하게 선택한 원석을 절단하기 전에 옥 표면에 일직선으로 선을 긋는다. 장식품으로 만드는 것은 진열용이라 진열장에 올려놓을 수 있어야 하므로 안전하게 세울 수 있는 넓이를 계산해서 옥에 선을 그어야 한다.

사진2-44. 선택된 원석에 선 그리기

사진2-45. 원석 자르기

사진2-46. 1차 자르기 완성

옥을 절단하는 장비는 공업용 다이아몬드 커터칼날이 부착되어 있
는 재단기를 사용한다.

톱날의 크기는 6인치와 8인치가 있는데 원석이 크므로 1차 재단은
8인치를 사용하는 것이 적당하다. 원석을 재단장비에 올려놓고 장비
를 가동하여 톱날을 선에 맞추고 옥을 천천히 밀면서 재단을 한다. 자
르기 하는 과정에서 무리한 힘을 가하면 톱날이 재단하고자 하는 자
리에서 멀어지거나 재단기가 멈출 수 있으므로 신중하게 선을 여러
번 보면서 재단을 하는 것이 중요하다.

일차적으로 한쪽 면 자르기가 끝나면 원석을 돌려서 반대편을 자르
기를 하는데 앞에서 하던 방법으로 원석 자르기를 한다.

자르기가 완성되면 재단을 한 원석의 두께가 일정하게 되었는지 확
인을 하고 옥판 표면에 거칠게 튀어나온 곳이 있으면 재단 톱날에 대
고 밀면서 표면이 매끈하게 갈아주어야 한다.

마. 옥판재 용 그림 그리기

연옥의 재단이 완성되면 옥판재에 용 그림을 그려 넣어야 하는데 그
리는 순서는 먼저 옥판재에 자를 대고 일직선으로 아래쪽에 그린다.

다음은 용을 머리, 몸통, 꼬리, 삼등분으로 나누고 머리 부분부터
그린다. 용의 머리는 정교하게 그려야 하므로 신중하게 그리지 않으면
머리 모양이 틀어지게 된다.

　제일 먼저 용의 코 부분을 그리는데 돼지코를 상상하고 그려야 하고 코를 위로 튀어나오게 그리는 게 중요하다. 다음은 용안을 그리는데 용안은 호랑이 눈을 담도록 그려야 하고 눈 위로 눈썹을 날카롭게 그려야 용이 위엄이 있고 강인한 모습이 된다.

사진2-47. 자르기가 끝난 원석 표면

사진2-48. 옥판재에 그리기 준비

사진2-49. 용머리 부분 그리기

사진2-50. 용 꼬리 그리기

윤예노 옥공예

뿔은 사슴뿔 모양으로 그리는데 대략 3갈래 정도로 갈라진 모양을 만들어 주어야 정교한 표현이 된다. 뿔과 눈 아래에는 박쥐 귀를 연상하여 귀를 그려 넣고 수염은 길게 앞과 뒤로 2개를 그린다.

다음은 입을 그리는데 용 입은 깊이가 있어 오목한 모양으로 그림을 그리고 작은 이빨 사이에 큰 이빨이 있는데 사자의 송곳니처럼 크게 그려야 한다.

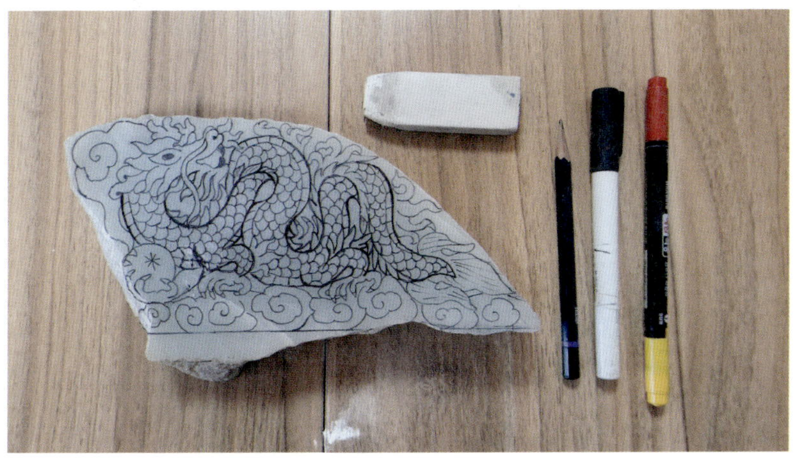

사진2-51. 용 그림이 완성된 옥판

송곳니는 입안 위에 2개고 입안 아래에 2개로 합이 4개의 송곳니가 날카롭게 튀어나와 세상의 만물을 부수고 삼키는 것을 아주 쉽게 할 수 있는 것처럼 표현해 주는 것이 중요하다.

용의 머리에는 작고 긴 갈기를 그려 넣어 용이 움직일 때 크게 휘날리는 것처럼 느끼게 그림을 그려야 한다.

다음 그림은 용의 목 부분을 머리에서 몸통으로 내려오면서 뾰족하고 작은 갈기 모양이 등을 타고 내려오는 그림을 그리면서 계속해서 연결되도록 한다.

몸통에서 내려와서 앞발을 그리는데 독수리 발톱처럼 어떠한 사물이던 한번 잡으면 절대로 빠져나갈 수 없게 발가락과 발톱을 강하고 날카롭게 그린다. 용은 앞발 2개와 후발 2개를 합하여 4개의 발을 가지고 있다.

용의 몸통에서 내려가면 꼬리 모양을 그려야 하는데 용의 등에는 작은 갈기들이 연속으로 돌출되어 있고 마지막으로 꼬리 갈기가 있는데 3가닥으로 크게 그려 넣어 용이 움직일 때마다 웅장하게 용트림하는 것처럼 느낄 수 있게 그려야 한다.

마지막으로 용을 받치고 있는 받침대를 그려야 하는데 이 부분에서는 용이 승천하는 것처럼 보이게 여러 개의 구름을 그려 넣어 용을 떠받들고 있게 해야 하늘의 제왕을 뜻하는 운룡의 그림이 잘 표현된 옥판용 그림이 완성된다.

옥판에 용을 그려 넣을 때는 옥판의 크기와 모양에 맞추어 그릴 수도 있지만 용의 강직한 면과 위엄을 상징하기 위해서 모든 부분이 정교하고 날카롭게 해서 용을 잘 표현하는 것이 먼저라고 할 수 있다.

특히 용을 사람이 소유하고 있다는 것은 가정에 악기 운이 들어오지 못하도록 막아주고 용 기운을 받아서 가정의 평화와 건승을 이루어주고 보호해주는 의미이므로 옥용이 바로 그렇다고 할 수 있다.

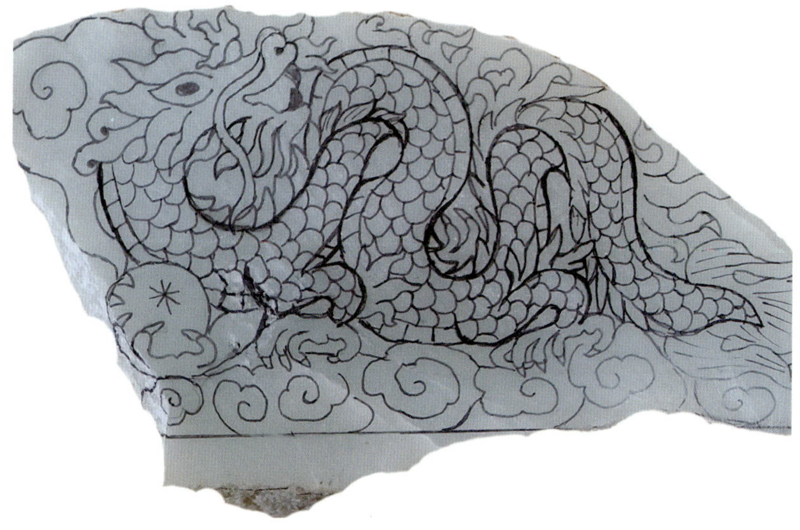

사진2-52. 옥판에 디자인한 운룡

바. 세 절단

옥판재에 만들고자 하는 용의 그림을 그렸으면 다음 단계는 먼저 재단기에 8인치의 크기의 절단용 다이아몬드 톱날을 부착하고 세 절단을 하여야 한다. 옥판을 재단기에 올려놓고 절단을 하는데 옥판재가 두꺼우므로 세 절단 하고자 하는 부분을 앞과 뒤가 틀어지지 않도록 잘 살펴가며 일자로 톱날을 세워서 천천히 절단하여야 한다.

용의 그림은 아주 섬세하고 날카로운 부분이 많아 천천히 절단하면서 만들고자 하는 용 형태를 계속 생각하면서 작업해야 손상을 피하며 용 장식용품을 만들 수 있다.

용의 거들의 절단이 완성되면 머리, 발, 몸통, 꼬리 부분을 세 절단을 하는데 머리 형태의 들어간 부분과 튀어나온 곳을 갈기 형식으로 다이아몬드 톱날을 사용하여 잘라내기 작업을 한다. 그리고 몸통의 휘어짐과 틀어짐을 입체감과 율동감을 나타내기 위해 톱날을 사용하여 갈기를 작업해야 한다.

용의 모습이 살아서 움직이는 것처럼 느낌을 받을 수 있도록 갈기를 하여야 한다. 또한 운룡을 떠받들고 있는 받침대를 세 절단을 하여야 한다.

받침 바닥 부분은 전시대에 올려놓았을 때 흔들리지 않도록 세 절단을 하고, 바닥의 윗부분은 구름 조각을 할 부분으로 안쪽으로 약간 기울게 하여야 연마할 때 어렵지 않게 절단할 수 있다.

사진2-53. 8인치 다이아 톱날을 장착한 재단기

사진2-54. 재단기에 용 그림이 그려진 옥판재를 올려놓고 다이아 톱날에 맞추기

윤예노 옥공예

사진2-55. 구름과 머리 부분을 파내기

사진2-56. 용의 몸통과 꼬리 부분의 거들을 옥판재가 두꺼우므로 앞과 뒤를 일정하게 파내기

사진2-57. 옥판재의 바닥 부분을 일정하고 편편하게 자르기

사진2-58. 거들 재단이 완성되면 갈기 재단하기

사진2-59. 갈기 재단을 하는데 음각 면과 양각 면을 잘 구분하여 재단하기

사진2-60. 목 부분과 몸통을 갈기 갈아내기

2장 옥의 가공

사진2-61. 용의 꼬리 부분과 후면 부분을 음각
과 양각으로 갈아내기

사. 형태 연마

재단기에서 옥판재의 거들과 모양잡기의 세 절단이 완성되면 수직
형 연마장비에서 형태와 모양을 매끈하게 만드는 연마작업을 하여야
하는데 연마장비에 GM80(거칠기) 8인치 연마석을 부착하고 모양잡
기를 한다. 옥은 열을 받으면 하얗게 타는 것이 보이므로 연마를 할
때 방법을 알고 작업을 하는 것이 중요하다.

그것은 연마장비를 돌리고 연마석이 돌아갈 때 물을 내리며 옥판
에 힘을 많이 주지 말고 연마석에 옥판을 살며시 갖다 대는 느낌으로
옥판 갈기를 하는 방법이다. 이것은 재단기에서 세 절단 하는 과정에
서 용모양이 거칠게 울퉁불퉁 튀어나온 부분을 연마석을 사용하여
모양을 잡아주는 단계이다.

용의 모양은 입체로 만드는 작업이라 모양잡기가 매우 중요하므로
순서에 맞게 연마를 하여야 하며 먼저 용머리 부분을 틀어지게 연마
를 하여야 위엄 있게 보인다.

목 부분은 좌측 앞으로 휘어지게 연마를 하고 머리 부분의 뒤쪽으로 돌아서 나가며 몸통으로 이어지면서 상단으로 올라갔다가 아래 방향으로 내려오게 하여 입체감을 살려 연마를 한다.

이러한 연마 방법으로 꼬리 부분까지 전체적으로 몸체를 비틀리게 하여야 용의 생동감이 느껴지고 용작품을 조각하는 의미를 담고 있는 모양이 된다.

사진2-62. 갈기 수직연마기

사진2-63. 재단기에서 거칠게 가공된 부분을 연마기에 연마석을 부착하고 물을 내리면서 매끈하게 갈아내기

사진2-64. 연마석 GM80(거칠기)을 사용하여 옥판재의 음각 면과 양각 면을 갈기

사진2-65. 용 모양을 조각하기 위해서 깊이를 많이 갈아내기

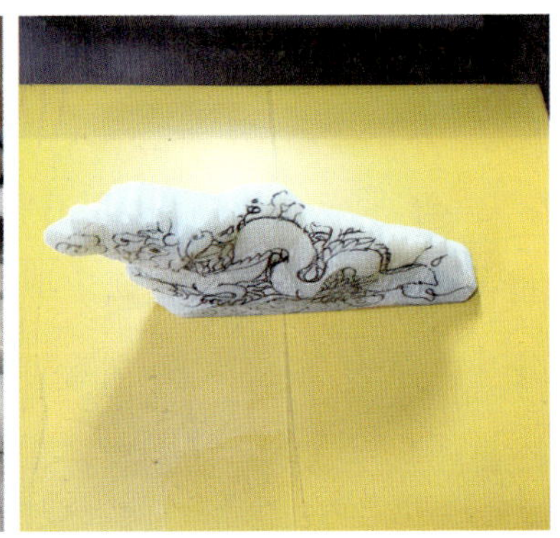

사진2-66. 연마기에서 갈기가 완성된 옥판재

사진2-67. 용모양의 옥판재가 연마되어 위에서 본 형태의 굴곡 있는 모양

아. 조각

용을 조각하려면 먼저 용의 유래와 형태, 상징성, 그리고 특장을 잘 이해하는 게 필요하다. 가공재료의 특성을 최대한 살려낼 수 있는 용의 외형을 살펴보면 머리는 소, 뿔은 사슴, 배는 뱀, 꼬리는 물고기를 닮았고, 수염, 여의주, 발톱을 갖춘 신체적 특징을 갖고 있다. 이렇게 여러 가지 사물을 종합하여 탄생한 실물용을 조각하려면 용의 특징을 알고 조각을 하여야 한다.

옥의 선별과 자르기, 세부절단, 연마가 완성된 옥판을 조각기로 새김작업을 한다. 연필로 연마가 완성된 옥판에 새김작업을 하는 부분에 섬세하게 그림을 그린다.

다음은 조각기에 큰 칼날형 다이아몬드공구를 부착하고 일차적으

윤예노 옥공예

로 입체를 살려 깊게 파내기 작업을 한다. 거칠게 파내기 작업이 끝나면 작은 공구를 조각기에 부착하고 용 모양을 섬세하게 조각을 한다.

용을 상징하는 제일 중요한 부분은 머리라고 생각한다. 코, 눈, 뿔, 귀, 수염, 송곳니 등은 머리에서 제일 중요한 부분이므로 신중하고 섬세하게 조각하여야 용머리가 완성된다. 또한 용은 입속이나 발에 여의주를 가지고 있어야 하므로 옥용에 새겨 넣어야 한다.

운룡(雲龍)을 받쳐주는 옥 받침대에는 구름을 새겨 넣어 용이 하늘에서 떠 있고 웅장하게 승천하려는 모습을 보여주기 위해서는 구름이 반드시 들어가야 한다. 그래서 용과 구름을 조각하면 흔히 하는 말로 운룡이 된다.

사진2-68

사진2-69

사진2-68. 옥판재에 머리, 몸통, 꼬리 부분을 삼등분으로 나누어 옥판에 용 그림 그리기.

사진2-69. 연마기에서 매끈하게 갈기가 완성된 옥판재에 균형을 맞추어 완성된 용과 구름 그림.

사진2-70

사진2-70. 삼단 조각기는 모터와 속도 조절기, 꺾기 3단, 손잡이로 만들어졌다. 그러므로 3단 조각기는 3단과 손잡이가 자유롭게 움직여 새김작업 하기가 편리하며 모터의 속도를 조절할 수 있는 장점이 있다.

사진2-71

사진2-72

사진2-71. 케이블 조각기로 용의 새김작업을 하는 모습. 케이블 조각기는 손잡이에 다양한 공구를 부착할 수 있어 조각하기가 편리하다.

사진2-72. 케이블 조각기에 10㎜ 칼날형 다이아 공구를 부착하고 음각 깊은 부분을 강하게 밀어 파내는 조각하기.

사진2-73

사진2-74

사진2-73. 10mm 공구를 조각기에 부착하고 용머리 부분을 깊이 파내 조각하기.

사진2-74. 용머리는 매우 섬세한 부분이라 조각을 신중하게 생각하면서 새김하여야 한다. 특히 용의 입 송곳니를 위아래 날카롭게 조각하고 눈, 수염, 뿔, 귀를 섬세하게 조각하는 것이 중요하다.

사진2-75

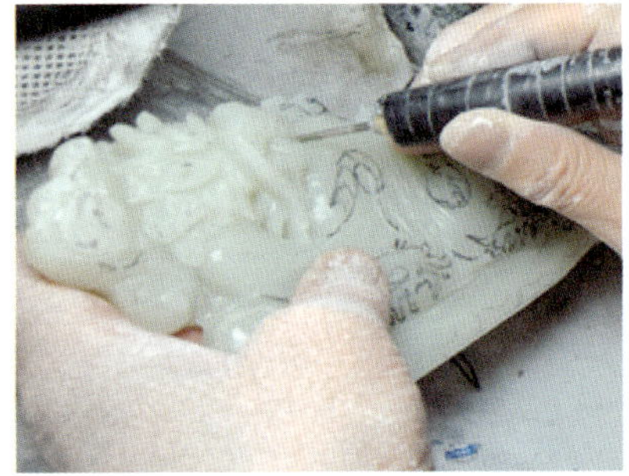
사진2-76

사진2-75. 조각기에 끝은 가늘고 윗부분은 굵은 다이아 공구를 부착하고 용머리의 아래턱 밑 수염 부분 투각 조각하기.

사진2-76. 뾰족한 공구를 사용하여 용 입안의 투각작업 하기.

사진2-77

사진2-78

사진2-77. 용머리 턱 아랫부분은 수염이 많이 있어 산만하므로 섬세하게 투각 조각을 하지 않으면 수염이 끊어지는 경우가 있어 매우 중요한 부분이다.

사진2-78. 용머리 부분의 눈과 입, 수염, 뿔 등, 섬세하게 1차 조각이 완성된 모습.

윤예노 옥공예

사진2-79

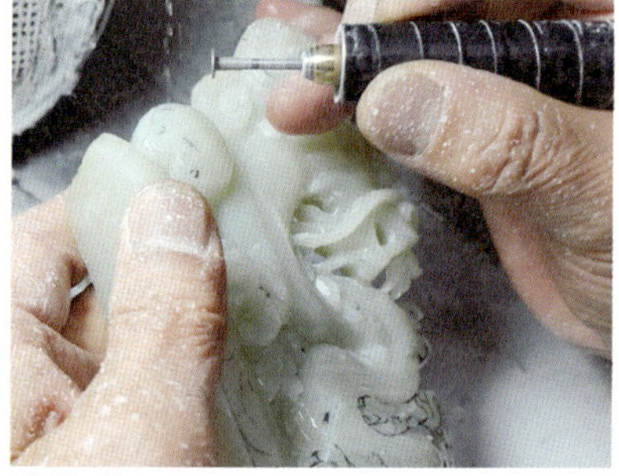
사진2-80

사진2-79. 용의 앞발과 여의주 조각, 여의주를 뒤편에 있는 앞발로 잡고 있는데, 발가락을 이용하여 여의주를 잡고 있는 모습을 잘 표현하여야 안정감이 있어 보인다.

사진2-80. 조각기에 5㎜ 공구를 부착하고 여의주와 앞발을 1차 파내기 조각하기.

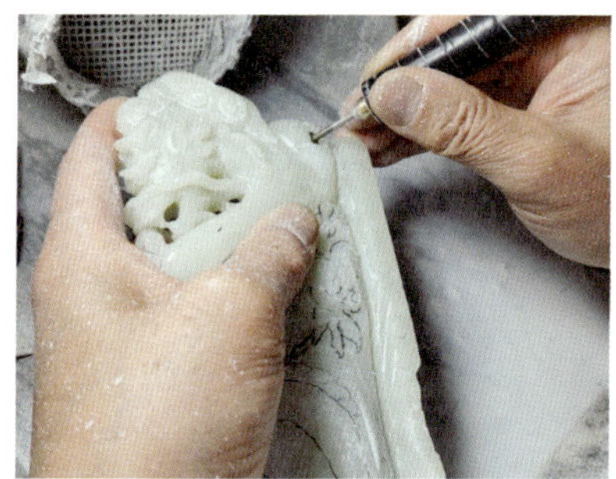
사진2-81

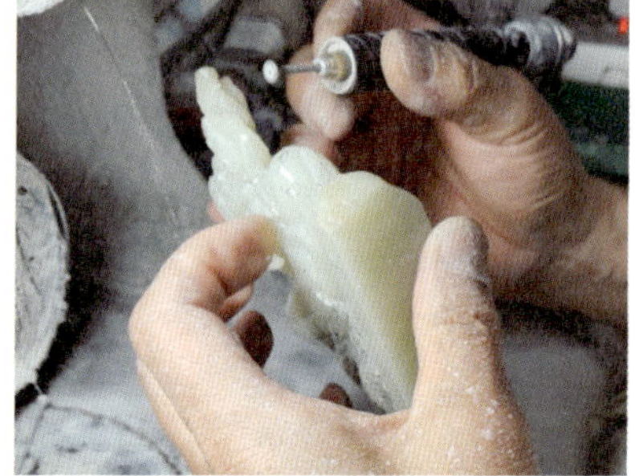
사진2-82

사진2-81. 용의 뒷면에 있는 앞발과 여의주를 조각하기.

사진2-82. 앞에서 용 조각이 되어 있는 옥을 보면 입체감 있게 구부러진 모습이 표현됨.

사진2-83

사진2-84

사진2-83. 천공작업은 용무늬를 투각하기 전에 용 그림의 공간에 구멍 내는 작업.

사진2-84. 구멍을 내는 방법은 초음파 장비에 사용되는 길쭉하고 뾰족한 금속 홈에 강한 철사를 부착하고, 수저로 물과 함께 샌딩 연마가루를 뿌려가며 천공작업.

사진2-85

사진2-86

사진2-85. 천공작업은 용을 조각하는데, 구멍을 내는 곳이 여러 군데 있어서 많은 작업 시간이 소요됨.

사진2-86. 천공작업은 앞면과 후면에서 동시에 구멍을 내는 작업을 하여야 정확하게 천공작업이 완성됨.

사진2-87

사진2-88

사진2-87. 천공작업이 완성된 후 구멍에 뾰족한 공구를 조각기에 부착하여 공간 모양 만들기.

사진2-88. 발가락과 몸통 부분을 섬세하게 투각 조각하기.

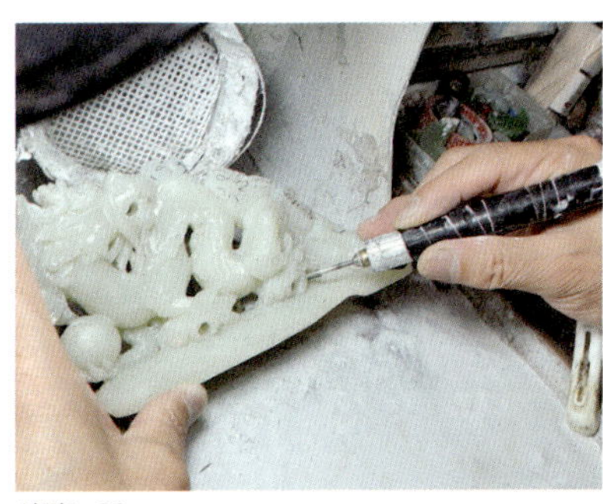

사진2-89

사진2-90

사진2-89. 용 꼬리에 천공된 부분을 투각 조각하기.

사진2-90. 용의 앞면 투각 조각이 80% 완성된 모습.

사진2-91

사진2-92

사진2-91. 용 조각의 후면 투각작업이 완성된 모습.

사진2-92. 용 몸통에 잉어 비늘 모양을 조각공구로 선 긁기 조각하기.

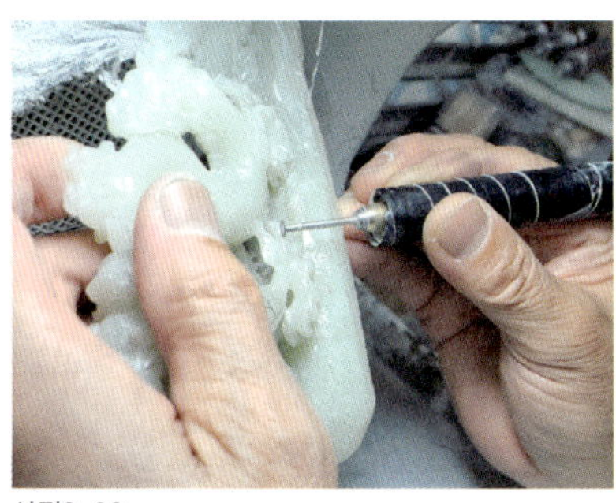
사진2-93

사진2-94

사진2-93. 용 발의 깃털을 선 긁기 기법으로 구불구불하게 조각하기.

사진2-94. 용 몸통과 발의 깃털 조각이 완성됨.

사진2-95

사진2-95. 용머리, 몸통, 꼬리, 발, 받침 구름 등의 투각과 전체 조각이 완성된 운룡(雲龍) 장식품.

자. 연마작업

사진2-96

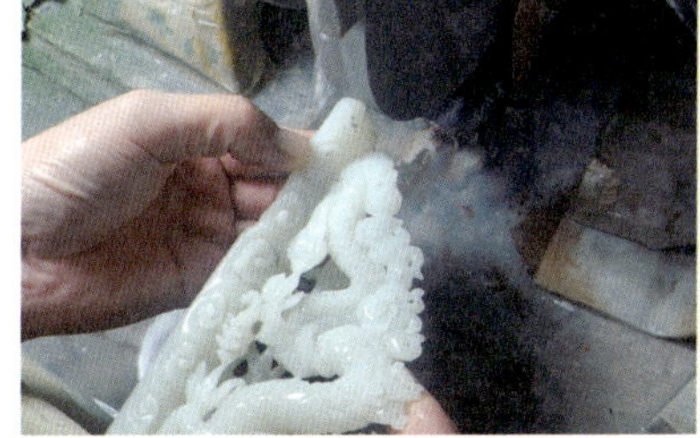

사진2-97

사진2-96. 금강사(탄화규소 220) 연마작업을 하기 위해 장비에 금강사 연마석을 부착하고 물을 내리며 옥 표면을 매끈하게 갈기.

사진2-97. 금강사 연마석을 사용하여 용 받침의 구름 모양 겉면을 매끈하게 갈기.

사진2-98. 금강사 연마석을 사용하여 용의 몸통을 매끈하게 다듬기.

사진2-99. 조각기에 금강사(탄화규소) 작은 바를 부착하고 조각된 음각 부분을 매끈하게 다듬기.

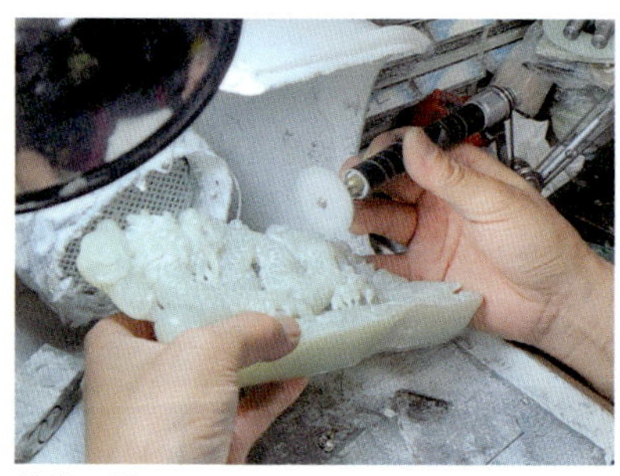 

사진2-100. 고운 금강사 연마 재료로 용의 몸 전체를 골고루 다듬어 반광내기.

사진2-101. 용을 떠받치고 있는 아래 구름의 음각 부분과 옥받침을 반광이 나도록 다듬기.

차. 광내기

광내기는 마지막 작업으로 용 조각 제작 과정인 옥선별, 재단, 연마, 조각 등 여러 과정을 거처 조각이 완성된 표면에 광내기 작업을 하여야 용 조각이 완성된다.

광내기 장비와 재료는 조각기와 조각드레멜, 브러시, 광약이 있다.

광내기 작업 순서는 조각드레멜에 브러시를 끼워 조각기에 고정시킨 다음 조각된 용의 표면에 광약을 바르고 조각기를 돌려 음각과 양각을 골고루 문질러 광내기를 하면 조각제품 옥용이 완성된다.

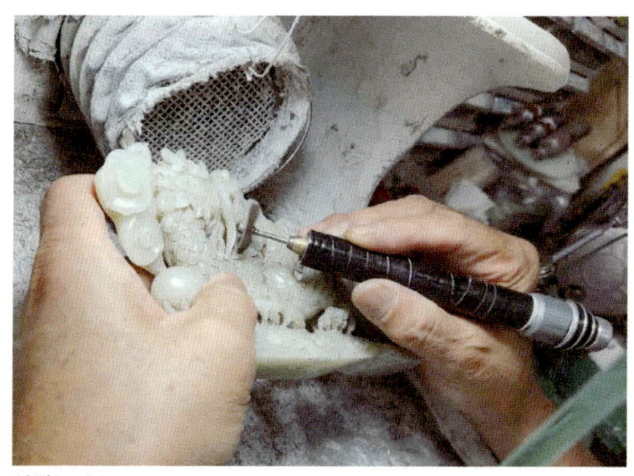

사진2-102

사진2-102. 조각된 용의 표면에 광약을 바르고 브러시로 부착한 용머리 부분에 광내기

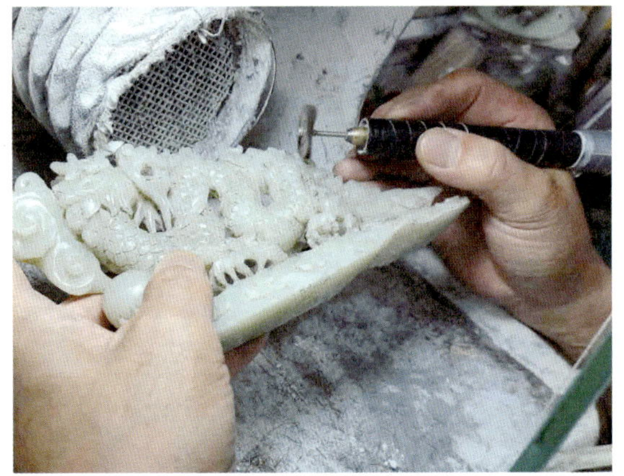

사진2-103

사진2-103. 몸체와 꼬리 부분을 브러시로 광내기 작업

사진2-104

사진2-104. 용 받침 구름 부분을 브러시로 음각과 양각 광내기

사진2-105. 완성된 용 장식품 전면

사진2-106. 완성된 용 장식품 후면(20.5×10×3.5㎝)

3장

장인 윤예노의 옥공예

-연구·개발과 작품 복원

1. 옥공예 입문과 도전

　1976년 18세 되던 어느 봄날 고향 선배의 직장을 방문하면서 그곳에서 처음으로 옥공예 전시품을 보게 되었다. 전시된 제품들은 십장생 무늬가 새겨져 있는 주전자, 벼루, 불상 등 백옥으로 제작된 공예품들이었다. 또한 장신구인 노리개, 비녀, 가락지, 도장 등이 진열장에 전시되어 있었는데 백옥에서 우러나오는 빛이 아주 영롱하고 표면에서는 기름이 흐르는 것과 같은 느낌을 받았다.

　그때 나는 백옥에서 우러나오는 영롱한 빛깔과 그 무엇과도 비교할 수 없는 아름다움의 매력에 빠져 옥공예 기술을 배워야겠다고 생각하였다. 선배에게 옥 조각기술을 배울 수 없겠느냐고 부탁해 보았더니 공방 사장님에게 이야기하여 보라면서 소개하여 주었다.

　사장님을 만나서 옥 기술을 배우고 싶다고 하였더니 그분께서는 "옥공예 작품은 화려하고 아름답지만 제작하는 기법은 아주 어렵고 까다롭다. 옥공예 새김조각 기술을 배우는 데 힘들고 어려움이 많을 텐데 배울 수 있겠느냐”고 하셨다. 그러면서 “그래도 배우겠다는 마음이 있다면 특별한 끈기와 인내를 가져야 한다”고 하셨다.

나는 어떤 어려운 일이 있더라도 옥 조각기술을 꼭 배우고 싶다고 하였더니 사장님은 자신에게 열심히 배워 보라고 하였다.

가. 1970년대 옥장신구

그 후 나는 공방에서 열심히 옥공예 장신구와 장식품 등 여러 형태의 조각과 투각작업을 배우게 되었다. 공방에서는 10명 내외의 직원들이 옥장신구 가공을 하고 있었는데 주로 만드는 것은 옥의 판재를 가공하여 만드는 제품이었다.

작업 과정은 옥판재에 당초무늬 그림을 그리고 그림 공간에 가늘게 구멍을 뚫고 투각을 하는 작업이었다. 책상에 고정시킨 나무작업대에서 철사를 옥판재에 뚫린 구멍으로 끼우고 톱대에 고정한 다음 샌드가루를 발라가며 상하로 밀고 당기면 당초무늬 모양의 투각이 된다. 정교한 작업이므로 오랫동안 숙련된 기술자들이 작업하여야 그림대로 정확하게 투각 모양을 만들 수 있었다.

나는 입사해서 고향 선배에게 톱대를 잡는 법과 투각 모양을 만드는 기술을 지도 받으며 열심히 연습하였다. 내가 열심히 하는 모습을 보고 사장님은 최선을 다해 기술을 배우고 있으니 곧 좋은 결과가 있을 거라고 격려해 주셨고 나의 기술은 점점 좋아졌다. 기술이 어느 정도 인정이 된 다음에는 처음으로 옥제품 만드는 일을 하게 되었다.

처음으로 하는 작업이라 상당히 어려웠지만 투각작업이 끝나고 나서 같이 배우는 동료들이 형태가 조금은 미숙하지만 처음 작업치고는 아주 잘했다고 후한 평가를 해주었다. 그 후 나는 기술에 대한 자신감이 생겨 옥제품 만드는 작업에서 빠르게 발전되는 모습을 보여주었다.

70년대 후반에 제작하는 제품은 주로 브로치와 당초무늬 옥 목걸이가 많이 생산되었는데 옥제품에 대한 수요가 많아 제품이 없어서 못 팔 정도였다. 그때는 생산자가 적은 관계로 생산품이 시장수요를 따르지 못하는 경우가 많은 시기였다. 이러한 배경에는 옥공예 기술을 배우는 과정이 어렵고 까다로운 데다 힘이 많이 들어서 배우는 사람이 적은 이유도 있었다.

70년대에는 지방에서 서울로 상경한 젊은 사람들이 많이 있었으나 대다수 공장들의 근무여건은 좋은 편은 아니었다. 이러한 현실이다 보니 크고 작은 공장들이 많이 생겨나는 상황이었으며 옥공예 공장도 그중 하나였다. 그 당시 옥공예 공장들은 주택지에서 조그마하게 운영하는 가내공업 공방이 많았다.

소규모 가내공장의 직공은 적게는 5~10명이고 많게는 15~20명 정도의 기술자들이 작업을 하는 상황이었다.

나. 1980년대 옥제품 호황기

나는 공방에서 옥제품을 생산하면서 손님이 선호하여 찾을 수 있는 새로운 디자인을 개발하여 만들기 시작하였다. 당시 옥공예 공방에서는 백옥과 청옥으로 동물과 어류, 조류 등 여러 모양을 연구하여 목걸이, 귀걸이, 반지를 만들었다. 또한 장식용인 곰, 말, 호랑이, 거북이, 해마 등 여러 가지 모양을 생산하여 외국인이 많은 이태원이나 미군이 주둔하고 있는 송탄지역에 많은 납품을 하였다.

외국인용은 서양 사람들은 주로 색이 진한 옥을 선호하는 경향이 있어서 쑥색이 우러나오는 청옥과 갈색 등을 주 품목으로 생산하였다. 청색 옥을 사용하여 바다에 서식하는 해마, 고래 등 여러 어류의 옥 장신구를 섬세한 기술로 정성을 다하여 만든 다음 옥을 좋아하는 외국인에게 판매하는 방식이었다.

갈색을 많이 띠고 있는 옥은 주로 동물을 만들었는데 말, 호랑이, 곰, 거북이, 토끼 등 동물조각을 섬세하고 살아있는 것처럼 하여 장식용이나 장신구를 제작하였다.

1985년 즈음에는 옥에 투각작업을 한 다음 다시 이중 캐보션으로 연마하고 광택을 낸 제품을 서울 남대문, 명동, 퇴계로 등 옥을 많이 취급하는 시장에 납품하였다. 퇴계로에는 원형 옥판에 투각으로 제작하고 표면에 학과 구름을 금, 은으로 세공하여 부착하는 목걸이, 귀걸이 제품을 주로 생산하여 거래처에 납품하였다. 남대문이나 명동에는 옥가락지, 귀걸이, 목걸이 타원형 단순 캐보션의 브로치 제품과 옥구슬을 연마하고 광택 작업을 하여 납품하였다.

그 외에도 여러 종류의 제품에 조각을 하기도 하였는데 조각무늬는 운학, 운룡, 십장생, 사군자, 매화, 기타 동물 등 전통무늬와 현대무늬를 섬세하게 조각하기도 하였다.

제작된 옥제품들의 유통경로는 각 지방에 납품하는 중간 상인들이 있었고, 지방에서 금은방을 운영하는 사람들이 새벽에 남대문, 동대문시장으로 올라와 옥제품을 구입하는 경로가 있었다.

80년대 후반기 우리나라는 수출 상품들을 크고 작은 공장에서 많이 생산하는 시기였다. 보석가공 분야도 이 시기에 많은 공장과 공단이 생겨나기 시작하였다. 그중에서 제일 유명한 곳으로는 1976년 설립되어 보석을 전문으로 생산하는 전라북도 이리(현 익산) 귀금속보석 수출 공업단지가 있었다.

이리공단에서는 수입보석인 자수정, 지르코니아, 호주비취, 마노 등을 활용하여 숙련된 기술자들이 가공하여 해외로 수출하였다. 이때 서울이나 지방에서 공장을 운영하던 보석가공 기술자들이 이리 보석가공공단으로 가 보석제품을 많이 생산하여 보석가공 기술의 위상을 높이는 데 일조하기도 하였다.

80년대 초부터는 이리공단 기술자들이 서울로 상경하여 하나둘씩 공장을 운영하게 되었는데 그들은 주로 자수정과 호주비취를 가공하기 시작하였다.

이 시기에 유행하던 제품들은 자수정과 연수정 제품이어서 우리 옥 공방에도 수정조각을 하게 되었다. 생산품은 주로 경주 불국사의 다보탑을 디자인한 제품이었는데, 이 제품은 하단면은 넓고 상단은 뾰족한 면의 연수정 표면을 조각기에 칼날형 다이아몬드공구를 부착한 조각기로 조각하여 작업하였다.

이런 과정을 거쳐 제작된 자수정과 연수정 제품을 국내 시장은 물론 해외로 수출하면서 수정제품을 생산하는 소규모 공장들은 경제적 호황을 누리는 계기가 되었다. 당시에는 수정을 전문으로 작업하던 기술자들이 근무하던 공장에서 퇴사하여 공장을 창업하는 일이 많이 생겨났는데 이렇게 생겨난 공장에서 생산되는 제품은 주로 자수정 제품이었다.

자수정 생산 과정은 1차 가공된 자수정 원석을 스틱에 접착하고 경판을 부착한 연마기를 가동하여 수정을 문질러 면을 만드는 작업인데, 정교한 기술이 없으면 평편한 다면체를 가공할 수가 없었다.

다. 옥 공방 창업

나는 업계에 입문한 지 12년만인 1988년 30세에 양천구 신월동 소재 작은 상가 건물에 공방을 창업하게 되었다. 창업에 필요한 장비 종류가 많지는 않지만 그래도 옥 가공에 필요한 장비는 모두 갖추어야 완제품을 만들 수가 있어서 필요한 장비를 갖추는 데 많은 시간이 필요하였다.

공방운영에 필요한 공구와 장비를 설치하여 제작할 수 있는 준비가 되었으면 시장에 거래할 여러 종류의 옥제품을 생산해야만 했다. 이에 따라 투각제품인 옥판, 목걸이, 가락지, 귀걸이, 브로치 감, 옥향집, 노리개 등 옥으로 생산할 수 있는 여러 공예품을 생산하였다.

공예품을 생산하기 전에 주문을 받을 수 있고 거래할 수 있는 시장을 방문하여 시장조사를 하여야 한다. 시장조사는 옥공예품을 많이 판매하는 명동, 남대문시장이 가장 좋은 시장이어서 판매장 쇼핑을 하면서 어떤 종류의 옥제품이 시장에서 소비자에게 인기가 있는지 파악하는 데 중점을 두었다.

또한 시장조사를 하며 공방에서 생산할 수 있는 옥공예품을 매장 대표에게 설명하는 게 필수적이었으며, 이러한 홍보를 통하여 옥제품 주문을 받았고 그에 맞춰 생산하였다.

2. 옥공예 연구와 개발

가. 조각 연구

1) 나무 송판재 바이스 틀 만들기

첫 번째로 제작한 옥제품은 옥 투각 새김 제품이었다. 옥 목걸이, 브로치 등 투각 제품을 생산하기 위해서는 제작공구와 나무송판으로 바이스 틀을 만들어야 한다. 나무틀에 바이스라고 하는 송판재를 적당한 크기로 톱을 사용하여 자른 다음 못을 박아 바이스를 제작하고 철사톱대를 만들어 사용하는데, 투각옥판 제품을 제작하려면 톱대가 꼭 필요하였다.

2) 옥판재 재단

옥판재 제작방법은 먼저 통으로 된 옥을 재단하여 옥판을 만들게 된다. 이때 옥판의 두께가 7㎜ 정도 일정하게 재단이 되면 옥판의 크기를 원형 지름 약 55~65㎜ 정도의 크기를 측정한 다음 재단

기에서 원형그림을 따라서 썰기를 한다. 그리고 거들 모양을 둥글
둥글하게 여러 개의 모양을 재단하고 연마기에서 옥판재의 평면과
거들 모양에 균형을 맞추어 연마를 한다.

3) 옥판재 그림 그리기

다음은 옥판재 평면 가운데 전통글씨를 그리고 좌우에는 당초
무늬를 그려서 그림을 완성한다.

4) 선 긁기 조각

다음은 조각기에 선 긁기 작업을 할 작은 흑연 디스크 공구를 부
착하고 선 긁기를 한다. 선 긁기가 끝나면 초음파로 당초무늬 옥판
재의 그림 공간에 구멍을 여러 개 뚫어 준다.

5) 투각작업

천공작업이 끝나면 강선철사를 옥판 구멍에 끼우고 톱대에 철사
를 팽팽하게 고정을 한 다음 옥판재에 샌드가루를 발라가며 톱대
를 앞뒤로 밀고 당기면서 당초무늬 투각작업을 한다.

6) 음각양각 조각

옥판재의 투각작업이 완성되면 조각기에 작은 연마석을 부착하
고 당초무늬 모양을 정교하게 조각한다. 조각된 음각 부분을 조각
기에 작은 PVC를 부착하고 옥의 당초무늬를 매끈하게 작업을 하

면 광내기 전의 과정이 끝난다.

7) 광내기

광내기 작업은 옥제품을 완성하는 마무리 과정이라서 제품을 완성하는 데 매우 중요한 작업이다. 광택작업 마무리를 잘하여야만 옥색의 빛이 우러나오는 영롱한 아름다움을 제품에서 느낄 수 있기 때문이다.

8) 옥제품의 완성

옥제품을 만들어 내는 과정은 이렇게 어려운 여러 과정을 거치게 되므로 옥 기술자의 장인정신이 없으면 아름다운 옥제품을 탄생시킬 수가 없다.

옥 투각작업은 기술을 배우는 과정이 매우 힘이 드는데, 투각작업은 산업기계로 하는 일이 아니라 사람의 힘을 이용한 작업이므로 기술을 터득하는 시간이 많이 필요하다. 옥판재에 강선을 끼우고 투각을 하는데 앞모양과 뒷모양이 일치하지 않으면 그림의 모양이 틀어지고 잘못 만들어지게 되므로 아주 특별한 기술을 요하는 과정이다.

투각작업을 처음 하는 사람들은 팔심으로 톱대를 밀고 당기고 하는 작업에 아주 큰 힘이 들어가게 되는데 이렇게 힘든 과정이어서 인내와 끈기가 없으면 작업을 포기하는 경우도 흔하다.

현재 투각작업을 계속해서 하는 사람들은 인내와 끈기를 갖고

최선을 다해 정진하여 투각작업을 최고의 완성도로 이끌어낸 명
장들이라 말할 수 있다. 이러한 장인들이 있어 우리의 옥 투각작업
이 정교하고 아름답게 옥의 미를 창조하는 밑거름이 되었다.

나. 신기술 개발

1) 옥도장

옥을 다루다 보니 새로운 디자인과 기법을 연구하게 되었다. 특
히 옥도장을 통으로 된 기둥에 용 머리를 조각하고 용 입에 여의주
구슬을 옥 자체에서 도려내어 구슬이 용 입에서 구르는 환주기법
을 작업하게 되었다.

2) 연결고리

옥판재 제물 고리 작업은 아주 정교한 기술을 요하는 과정이다.
특히 새로운 연결고리를 세 갈래의 고리로 만들어 제작하는 기술
은 나만의 신개발 기술이다. 옥공예 전통장신구 조각 작품을 제작
하면서 이처럼 새로운 기술을 개발하여 옥제품의 아름다운 가치
를 높이는 데 소홀하지 않고 정진하여 왔다.

3) 조각공구 개발

조각을 할 때 사용되는 공구인 조각기에 부착하여 사용하는 공

구를 개발하여 옥제 품 조각을 더 편리하게 하도록 하였다.

또한 조각된 음각 바닥을 매끈하게 하여주는 공구를 개발하여 음각 부분의 광을 낼 수 있는 것을 연구하여 만들었다. 이러한 공구개발에 노력을 하다 보니 공예품을 생산하는데 제작 시간을 절약하고 미관을 높이는 효과를 거둘 수 있었다.

4) 새로운 디자인 개발

옥공예 상품에 새로운 디자인을 개발하고 신제품을 개발하여 특허청에 디자인 등록을 함으로써 판매를 제고하는 결과를 얻게 되었다.

디자인은 옥과 자개를 재료로 사용하여 왕이 착용하는 상투관을 제작하였고, 청옥을 사용하여 괴면상을 조각하고, 송곳니 사이에 원형을 둥글게 만들고 가운데에 선을 조각하고 선을 따라서 은으로 태극무늬 상감을 하여 매듭으로 엮어 목걸이를 제작하였다.

다음 디자인은 백옥을 사용하여 포크와 스푼을 제작하는 데 옥 손잡이는 에폭시 상감을 하여 멋을 살리는 제품을 제작하기에 이르렀고 디자인 등록을 하였다.

5) 신제품 전시

옥공예의 제작과정과 유래 및 작품설명에 대해 전시장과 행사장에서 시연과 전시를 하여 옥공예품에 대한 관심도를 제고하는 홍보 행사를 함으로써 판매증진에 기여하고자 노력하였다.

3. 옥공예품 복원

가. 영친왕 옥대(2018)

왕과 왕세자가 착용한 옥대는 용무늬 문양을 새겨 붙여 만든 띠이다. 이 작품은 영친왕의 옥대로 곤룡포 위에 착용하였다.

홍색의 단으로 겉을 싸고 그 위에 용무늬와 무늬가 없는 화염무늬 투각 조각하여 겉을 싸고 그 위에 조각하여 옥판을 붙였다.

옥판으로 띠돈 뒤에는 금박으로 된 판이 덧대어져 있다.

대구를 중심으로 좌우 양옆에는 여지 형태의 옥판이 3개씩 배치되고 뒤쪽에는 좌우에 은으로 된 6엽 옥판을 하나씩 배치하고 직사각 옥용 판 5개를 부착시켰다. 옥대의 뒤 안쪽에는 옥색 공단이 덧대어 있다.

옥대는 왕·왕세자·동궁비가 사용하였는데, 왕과 왕세자는 조복(朝服)과 상복(常服)·제복(祭服)을 입을 때 하고, 동궁비는 예복에만 하도록 하였다.

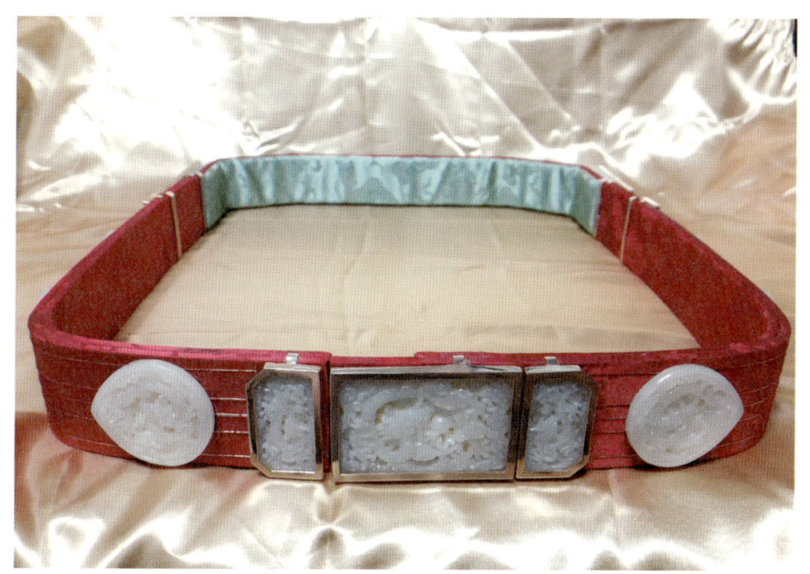

사진3-1. 영친왕 옥대 복원(길이118×높이4.3㎝)

고려시대에는 중국의 황제에게 사여(賜與)받기도 하였으며, 왕이 전
공을 세운 중신 또는 중흥 공신에게 하사하기도 하였다.

나. 태조 이성계 옥 어보(2013)

사진3-2. 태조 이성계 금속어보를 옥으로 재현(13.8×10×9.5㎝)

태조의 존호를 새긴 어보로 재료는 연옥이며 거북이가 조각되어 있다.

바닥면은 사각이며 굵은 테두리의 안쪽에는 조선을 건국한 태조의 공덕을 찬양하여 "강헌지인계운성문신무정의광덕대왕지보"(康獻至仁啓運聖文神武正義光德大王之寶)라는 글귀가 단아한 전서(篆書)체로 새겨져 있다.

새(璽)는 일반적인 인장(印章)을 뜻한다. 옥새(玉璽)라는 이름은 진시황이 천하제일 옥(玉)이라는 화씨지벽(和氏之璧)으로 만든 것에서 유래했다.

이때부터 옥새를 차지하는 사람이 천하를 지배하는 것으로 여겨졌고, 동아시아에서는 군주의 권위를 나타내는 도구로 쓰였다.

윤예노 옥공예

사진3-3. 명성황후 금속어보를 옥으로 재현(10.3×10.3×9.5㎝)

　　명성황후 어보는 대한제국을 선포하면서 황제에 오른 고종황제가 이미 승하한 민비를 명성황후로 추존하여 책봉하면서 올린 황후의 옥보이다. 손잡이는 용으로 장식하였고 손잡이에 주황색 방망이 술 끈을 달았고 어보에는 황후지보(皇后之寶)가 새겨져 있다.

라. 백옥 칠보문 투각향로(2020)

12세기 고려시대에 제작된 국보 제95호 청자투각칠보문향로를 크기 그대로 백옥으로 재현한 작품이다.

사진3-4. 백옥 칠 보문 투각향로 재현(15.3×11.2㎝)

백옥 향로는 크게 세 부분으로 구성되는데 향이 빠져나가는 뚜껑과 향을 태우는 화사, 그리고 이를 지탱하는 받침으로 되어있다. 뚜껑에 투각된 문양은 둥근 고리를 겹치게 연결한 칠보문이다. 뚜껑의 꽃술 부분에는 원점이 하나하나 상감이 되어있는데 이는 상감기법 발상기의 모습으로 추측되고 있다.

연꽃 모양의 화사는 꽃잎이 3겹으로 중첩되어 있는데 꽃잎을 파서 조각한 것이다.

대좌는 편평한 여섯 개의 잎이 있는 꽃모양의 가장자리에 음각된 당초문이 둘러져 있다. 대좌를 받치고 있는 앙증맞은 세 마리의 토끼가 향로를 더욱 돋보이게 한다.

마. 패옥(2019)

패옥은 경도가 6.5도로 강한 춘천 연옥을 사용하였다. 왕이 법복에 착용하고 걸음걸이를 할 때 옥이 부딪치는 소리가 아주 경쾌하고 맑은소리가 나는 게 특징이다.

패옥은 중국에서 유래한 것으로 중국에는 손수건, 묶었던 노끈을 푸는 도구, 장식품 등을 한 벌로 만들어 혁대에 달고 다니는 풍속이 있었는데 이 물건을 패라고 하였고, 이 패에 달린 옥을 패옥이라 하였다.

우리나라에서 패옥은 면복에 관한 규정이 고려시대에 이미 있었고, 고구려 고분벽화 및 『삼국유사』에서도 그 자취를 볼 수 있는 것으로 미루어 고려시대 이전부터 있었을 것으로 생각된다.

『경국대전』에 의하면 무백관의 조복에 1~3품은 번청옥(燔靑玉)을 차고, 4~9품은 번백옥(燔白玉)을 찼으며, 제복에도 이와같이 하였다. 왕의 면복에는 백옥으로 패옥을 하고 패대(佩帶)를 늘어뜨렸다.

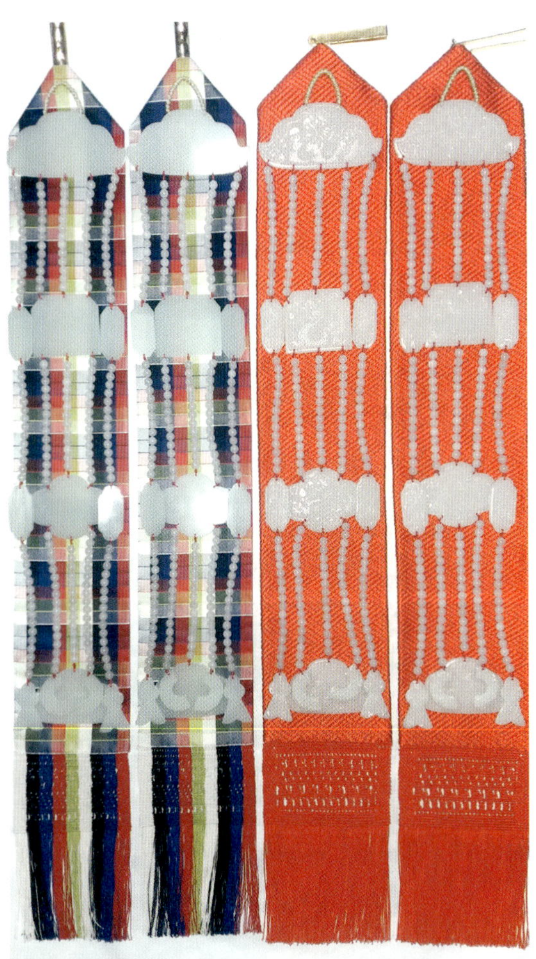

사진3-5. 백옥으로 만든 용무늬, 민무늬 패옥(50×85×10㎝)

바. 족두리(2003)

족두리는 부녀자가 예복에 갖추어 머리에 쓰던 관으로 위 족두리는 비취, 산호, 호박, 진주의 준보석을 사용하여 제작하였다.

맨 앞에 비취무늬는 물방울 모양에 박쥐 2마리가 새겨져 있고 양옆으로 산호 복자로 꾸몄으며 상단에는 5봉으로 꾸며 보석이 화려하게 빛이 난다.

사진3-6. 비취, 산호, 호박을 사용 족두리 복원

족두리는 보석이 많이 배치되어 있어서 궁중이나 사대부 집에서 혼례식에 신부가 머리에 착용하였는데 족두리를 족두(簇兜) 또는 족관(簇冠)이라고도 하였다.

족두리라는 말은 고려 때 원나라에서 왕비에게 준 고고리(古古里)

가 와전된 것으로 추정된다. 이 족두리가 사용되기 시작한 것은 원나라와의 혼인이 많았던 고려시대 후기로 볼 수 있다. 고려시대의 족두리는 조선시대의 것보다 모양이 크고 높이도 높았던 것으로 추측된다. 조선시대에 들어와서는 그 양식이 점차 작아지고 위와 아래가 거의 밋밋하게 비슷하여졌다.

부녀의 족두리 위에는 남편의 관직에 따라 금권자(金圈子)나 옥권자를 붙여서 등위를 표하였다. 족두리에는 장식이 없는 민족두리와 족두리 위에 옥판(玉板)을 받치고 산호주(珊瑚珠)·밀화주(蜜花珠)·진주 등을 꿰어 만든 꾸민족두리가

사진3-7. 전통혼례식의 화려한 족두리

있다. 또, 솜족두리라 하여 어여머리를 꾸밀 때 쓰는 것도 있는데, 이것은 어염족두리라고도 한다.

이 밖에 상제(喪制)가 쓰는 흰색의 족두리가 있는데, 이는 장식을 하지 않고 납작한 모가 난 모자와 같은 양상이다.

사. 화관(2010)

화관은 부녀자들이 예복에 갖추어 쓰는 관모(冠帽)로 신라시대 중국에서 전래되었다.

통일신라시대에는 궁중에서 사용되었고, 고려시대에는 귀족과 양반
계급의 부녀자 예복에 쓰였다.

사진3-8. 외봉 화관

조선시대에 와서는 그 크기가 작아져 머리에 쓰는 관모라기보다는
미적 장식품으로 얹는 수식(首飾)이 되었다.

조선 중기까지 부녀자의 머리 모양이었던 가체에 쏟았던 사치로 인
한 폐해가 많아 영조와 정조 양대에 걸쳐 이것을 시정하기 위하여 화
관이나 족두리를 쓰게 함으로써 그 사용이 일반화되었다. 그러나 가

체에 쏟았던 사치는 다시 화관이나 족두리를 주옥금패(珠玉金貝)로 장식함으로써 그에 따른 폐해도 심하였다.

화관에는 칠보로 장식한 칠보화관과 구름무늬를 새겨 만든 운관(雲冠)이 있었는데, 족두리보다 높이가 높으며, 화관의 양옆에는 비녀(족두리 비녀)를 꽂게 되어있었다.

조선 후기에 와서 정장할 때에는 족두리를 쓰고, 화려하게 꾸밀 때는 화관을 썼으며, 대개 활옷이나 당의를 착용할 때 썼다.

아. 청옥 보석함(2011)

청옥 보석함은 고려시대 청자투각 장방형 함을 재현한 보석함으로 무늬를 창작 디자인하고 재현하여 만들었으며, 전체사면에 국화 당초 무늬를 디자인하고 조각기를 사용하여 섬세하게 새김조각을 하였다.

보석함의 표현을 강조하기 위해 면 중앙에 고구려 시대의 신(神)인 삼족오(三足烏)를 조각하여 보석함의 소중함을 잘 표현하고자 하였고, 보석함의 사각 틀 안쪽 부분은 깊이 파내고 빨간 융단을 덧대어 보석을 넣었을 때 파손되지 않게 작업하였다.

사진3-9. 청옥 보석함 재현(19.7×12.2×13.5㎝)

사진3-10. 청옥 보석함 당초무늬, 삼족오 무늬

4장

장인 윤예노의 옥공예

-기물과 장신구 개발

1. 옥공예 기물

가. 백옥 사천왕(2023)

옥판재에 사천왕인 동방지국천왕과 북방다문천왕을 조각하였다. 두 분의 천왕 사이에는 십장생의 사물인 물, 불로초, 거북이, 사슴, 소나무, 학, 해, 구름을 조각하고 양면에는 불교의 식물인 연꽃, 연밥을 조각하였다.

두 천왕을 받치고 있는 옥은 연꽃으로 조각하여 사천왕과 조화를 이루게 만들었다.

불교에서 수미산의 제석천을 호위하기 위해 수미산의 중턱 사방에 위치한 사천왕천(四天王天) 동서남북 네 지역을 관장하는 4면의 호법신을 가리킨다.

다문천왕(多聞天王)은 양손에 검을 들고 불교의 수미산 북방을 수호하는 천왕이다. 수미산의 제4층인 북방의 수정타(水精埵)에서 야차(夜叉)와 나찰(羅刹)들을 거느린다.

지국천왕(持國天王)은 사천왕 중의 하나로 수미산 중턱에 살며 동방을 수호하고 음악을 관장하는 천신이다.

사진4-1. (좌) 북방다문천왕 (우) 동방지국천왕(13×12×4.1㎝)

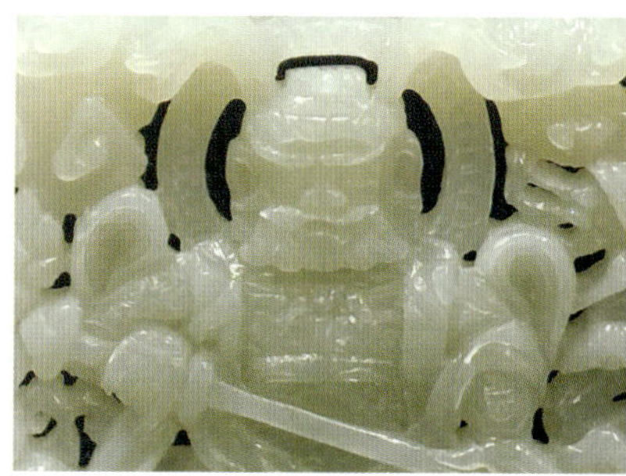

사진4-2. 북방다문천왕

사진4-3. 동방지국천왕

사진4-4. 백옥연꽃 좌대 불상(12×7×3㎝)

하단은 연꽃으로 조각하여 장식하였고 꽃 위에 부처님을 올려 조각하여 부처님을 아름답고 편안한 좌대에 모셨다. 또한 부처님 등에는 광배를 조각하였다.

부처님을 보호하는 뜻에서 후광을 오목하게 부처님을 감싸게 처리하였다.

상단에는 좌우로 봉황을 조각하였고 봉황 두신이 탑을 받치고 있다.

불교를 창시한 석가모니는 기원전 623년 지금의 네팔 지방에서 석가족의 태자로 태어났다.

본명은 고타마 싯다르타이며, 석가모니는 후에 붙여진 이름으로 석가족의 성인이라는 뜻을 지닌다.

본래 태자로 태어났으므로 부귀영화를 누 릴 수 있었으나 인간의 생로병사를 보고 이를 극복하고자 29세에 출가하게 된다.

다. 보살, 불상

　보살님은 불교에서 자비와 지혜로 중생을 제도하는 이상적 존재를 높여 부르는 호칭이다. 보살 재료는 자색초자를 사용하여 만들었고 부처의 형상을 표현한 불상이다.

사진4-5. 청옥 보살(7.2×3×3㎝)

사진4-6. 자색초자 불상(11.6×7×3.6㎝)

윤예노 옥공예

라. 비취 달마승(2021)

비취로 제작된 달마승은 장식용으로 만들었다. 제작과정은 비취 원석을 재단하고 연마장비에서 갈기를 한 다음 조각기에 다이아공구를 부착하고 조각하여 달마승 작품을 완성하였다.

사진4-7. 비취 달마승 장식용 작품(14×11.8×8㎝)

달마승 아래 받침대는 향나무를 사용하고 연잎의 연밥은 목각도구로 조각하였다.

마. 갈색 백옥 주전자 세트(2020)

갈색옥 주전자는 작품은 춘천 연옥으로 갈색과 백옥이 겹쳐 옥색이 화려하게 어우러지는 옥제품으로 전체 디자인은 연꽃으로 하고 몸통은 연꽃을 새김하여 불교의 상징을 담아내고자 하였다.

손잡이는 연줄기와 연잎을 새김하고 주전자 뚜껑은 연줄기와 연밥을 조각하여 복을 상징하는 두꺼비와 개구리를 새겨 사용하는 사람의 복을 빌고자 하였다.

옥잔에는 하단에 연잎을 새기고 옆면에는 연꽃과 연잎을 그리고 부처님과 포대화상을 새겨 한층 불교를 이미지화하여 갈색 옥 연꽃주전자 다기세트를 작품화하였다.

제작 과정은 주전자 내부에 좁은 구멍을 뚫어 옥의 내부를 파내야 하는데 이 작업은 눈에 보이지 않는 옥의 내부 곡면을 따라 작업을 해야 하기 때문에 마치 내시경 없이 수술하는 형국이다. 더욱 어려운 작업은 몸체 안으로 갈수록 구멍을 넓게 파기도 하고, 주전자 주둥이와 몸체 사이에 차를 거르는 촘촘한 거름망을 조각하는 것이었다.

사진4-8. 브라운 옥주전자 세트 가로(14.8×12.0×11.0㎝)

바. 백옥 주전자(2012)

이 작품은 백옥으로 제작되었으며 주전자와 다섯 개의 옥잔이 있다.

옥잔에는 매화꽃을 새기어 멋을 내었고 주전자의 손잡이는 매화 가지로 휘어 감아 손으로 잡기 편하게 디자인하였다. 몸통은 손잡이에서 나뭇가지가 흘러나와 부착되며 여러 송이의 꽃들이 어우러져 화려하게 새겨져 있다.

사진4-9. 매화무늬 주전자 세트(23×13.5×14㎝)

그리고 특수한 기술을 발휘하여 가지 끝부분에 고리를 조각하여 주전자를 들고 차나 술을 따를 때 옥고리가 흔들리는 소리가 맑게 들릴 수 있도록 제작하였다. 주전자 뚜껑에는 매화 가지를 손잡이로 디자인하고 가지 옆으로 왕실 권위의 상징인 봉황을 양쪽으로 조각하여 멋을 살렸다.

윤예노 옥공예

사. 연옥 연결고리 주전자(2005)

연옥 연결고리 주전자는 갈색과 백색을 띤 백옥으로 제작하였다.
원석은 춘천 옥광산에서 채취된 옥으로 옥을 재단하고 연마하여
않고 제작한 특징이 있다.

사진4-10. 연옥 연결고리 주전자(15.5×8.4×8.7㎝)

또한 몸체와 뚜껑 사이를 연결고리로 조각해 연결고리가 끊어지지
않게 섬세한 기술을 발휘하여 만든 옥주전자 작품이다.

아. 브라운 연결고리 옥잔(2009)

옥잔 재료는 갈색 연옥으로 원석 덩어리 속에는 백옥이 있고 백옥을 감싸고 있는 갈색으로 겉과 속이 다른 색깔로 이루어져 있다.

브라운 연결고리 옥잔의 손잡이를 이룡이 물을 마시러 올라가는 모습으로 표현하고 반대편에는 이룡의 턱에 연결고리를 섬세하게 조각하여 하단으로 늘어트려 이룡의 위엄을 표현하고자 하였다.

원석의 아름다운 백색과 갈색이 조화롭고 어우러지게 디자인한 조각 작품이다.

사진4-11. 브라운 이룡(螭龍) 연결고리 옥잔(16×11.5×8.6㎝)

자. 옥 서예 도구 세트(2019)

벼루는 먹을 가는데 사용하는 문방구로 고려도경에 따르면 연왈피로(硯曰皮盧)라 하여 고려 때부터 벼루라고 불렀음을 알 수 있다.

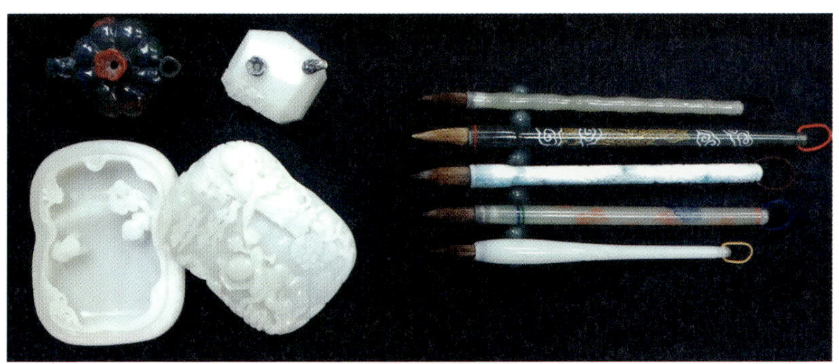

사진4-12. 백옥 벼루, 붓, 연적 세트(백옥벼루 13×9.5×4㎝)

작품 백옥 벼루는 춘천 옥으로 제작하였으며 경도는 6.5° 이다.

연옥 벼루의 내부는 깊이 파내기 작업을 하여야 하는데 먹을 가는 부분은 얕게 하고 먹물을 담는 부분을 깊게 파내기 작업을 하였다.

외형은 연잎을 표현하고 그 위에 개구리와 두꺼비를 새겨 조각하고 벼루 뚜껑에는 보살과 아기동자를 새김하여 불교의 분위기를 잘 표현하고자 하였다.

붓대는 백옥과 청옥으로 만들었고 대에는 용운, 대나무, 매화를 에폭 상감하여 전통무늬를 제작하였다.

타. 옥 연적세트(2019)

연적은 벼루에 물을 채워 먹을 갈거나 채색을 할 때 물을 조금씩
따라 쓰는 도구이다.

사진4-13. 연적 세트(옥천도(6.5×6×5.5㎝)

제작된 연적은 청옥과 백옥으로 제작하였는데 청옥 재료의 전체적
인 모양은 연꽃, 석류, 호박 모양을 디자인하였다. 연적 상단 구멍에는
자마노 원석을 사용하여 꽃으로 장식하였으며 옆면에는 나비 모양을
상감하였다.

백옥 연적의 전체적인 형태는 자유형 다면체로 제작하였고 상단 구

　　　　　　　　　　　　　　　　　　　　　　　윤여노 옥공예

멍에는 매화무늬를 은으로 만들어 부착하였다. 물이 들어가는 구멍은 작게 하고 연적의 내면을 넓게 파내야 하는 몹시 어려운 조각 과정이었는데, 옥 벼루세트를 만드는 과정은 여러 작업 단계를 걸쳐 제품을 제작하였다.

조선시대 순백의 연적은 유교를 숭상하던 조선 선비의 정신을 잘 나타내 주며, 산수화가 그려진 연적 등은 주로 후기에 한강 변 분원(分院)에서 구워낸 것이다. 작은 연적에 산수화를 그려 넣어 탁자 위에 놓고 호연(浩然)한 세계를 보려 한 조선 선비들의 아취와 문기(文氣)를 엿보게 하였다.

2. 옥 장신구-디자인 개발 목걸이

가. 청옥 당초무늬 태극 은상감 목걸이(2020)

국화 당초 태극 목걸이 작품은 청옥으로 제작하였으며 그림 디자인은 국화 당초무늬를 투각으로 천공 작업을 하였다.

작품의 특징은 당초무늬 가운데 원형의 불룩한 부분에 우리나라의 상징인 태극무늬를 은상감으로 넣어 전통의 의미를 살려 제작하였다.

사진4-14. 청옥 당초무늬 태극 목걸이(9×6.5×1.8cm)

그리고 상단에는 루비를 부착하여 청옥과 루비가 아름다운 조화

조화를 이루고 있다. 또 매듭을 하기 위해 연결하는 고리는 하단 부분과 상단 부분을 연결하는 곳은 제물 고리를 만들어 목걸이 매듭을 하여 완성하였다.

덩굴은 한자 표기로 당초(唐草)라 표기하는데, 당초는 당(唐)나라 풍의 덩굴무늬를 가리킨다.

나. 청옥 괴면상 은상감 목걸이(2019)

청옥 괴면상의 상감 목걸이는 남녀 공용으로 하고 디자인은 전통적인 사자 머리 모양으로 사자의 송곳니 두 개가 있고 가운데에 구슬이 있다.

구슬 외형에는 태극무늬 은상감으로 제작하였고, 괴면상의 몸체와 목걸이 매듭의 연결 부분을 제물고리로 연결 제작하여 기술과 위엄을 표현하였다.

사진4-15. 청옥 괴면상 은상감 목걸이
(9.3×6.5×2.5㎝)

예로부터 괴면상을 몸에 착용하고 있으면 귀신을 물리친다는 속설이 있다.

다. 갈색 옥, 비취 연결고리 목걸이(2018)

사진4-16. 천도 봉황 연결고리 목걸이
(58×4.2×2cm)

연결고리 작품은 갈색 옥으로 옥판위에 연결된 그림을 디자인하여 조각하였다. 조각과정은 먼저 재단을 하여 옥판을 만든 다음 조각기를 사용하여 따내야 하는 곳을 고랑을 내 파낸 다음 활비비를 사용하여 천공을 한 다음 옥고리를 분리 작업을 한다.

포인트인 펜던트는 겉모양은 천도 모양을 디자인하고 새김작업은 왕궁의 상징인 봉황을 조각하여 위엄을 나타내고자 하였다.

이 작품은 창의적인 기술이 없으면 제작할 수 없는 고도의 기술 작품이다.

라. 비취 연결고리 매화 목걸이

사진4-17. 비취로 만든 매화 연결고리 목걸이
(65×5.5×2.3㎝, 2023)

매화무늬 연결고리 목걸이는 비취 원석을 재료를 사용하고 65㎝의 길이로 목에 걸게 만들어졌고 67개의 고리와 1개의 매화무늬 조각을 한 메인이 있다.

마. 다양한 디자인 목걸이

사진4-18. 백옥 국화 당초무늬 목걸이

사진4-19. 연결고리 당초무늬 목걸이

사진4-20. 옥매화, 당초무늬 목걸이

사진4-21 백옥 삼족오 목걸이

사진4-22. 백옥 매화 용 목걸이

사진4-23. 목련꽃 목걸이

사진4-24. 용 목걸이

사진4-25. 백옥, 수정, 자마노, 비취, 기타 목걸이

3. 옥장도(2013)

　옥장도는 매화무늬와 민무늬 장도로 디자인하였으며 백옥을 절단하고 연마 과정을 거쳐 조각되었으며 장도 아랫부분과 손잡이 부분을 연결하는 곳을 은으로 제작하였다.

사진4-26. 호랑이무늬 옥장도(13×3×2.5㎝)

언제부터 패용했는지 장도의 유래는 정확히 알려지지 않았으나, 신라시대 고분 황남대총 북분에서 출토된 금제 허리띠에서 장도 모양을 본뜬 장식 칼이 순금 유물답게 그 형태가 현대까지 또렷하게 남아 있으며, 북분의 피장자는 여성임이 밝혀졌으므로 조선시대에 부녀자들이 호신용으로 소지했던 것과도 일맥상통한다.

금령총에서 출토된 순금 작은 고리 칼뿐만 아니라, 고려시대에도 작은 칼을 제조했다는 기록이 있으니만큼, 장도처럼 작은 칼을 패용하는 문화는 몽골 이전부터 있었다는 것이 사실로 확인되었다.

1) 형태에 따른 분류칼집과 칼자루에 복잡한 장식이 붙은 '갖은 장식'과 단순한 장식의 '맞배기'로 나눈다. 맞배기에는 칼집과 칼자루가 일자형인 '평맞배기'와 을(乙)자형인 '을자맞배기'가 있다. 또한 단면이 사각형이면 '사모장도', 팔각형이면 '모잽이장도'라고 부른다.

'첨자도'라는 것도 있는데, 장도 칼집과 칼자루에 젓가락이나 과일꽂이, 귀이개 등이 붙어있는 장도를 말한다. 주로 은으로 만들며, 음식에 비소가 포함된 독이 있을 경우 검게 변색되어 독을 검사하는 데 쓰이기도 했다고 한다.

2) 재료에 따른 분류재료에 따라 목장도와 골장도, 은장도, 금장도 등으로 나뉘는데, 먹감나무로 만든 것은 '혹시도' 또는 '대모갑', 거북이의 등껍질로 만든 것은 '대모장도', 은으로 만들었으면 '은장

도', 순금을 도금한 건 '금장도', 옥으로 된 것은 '옥장도'라고 부르
는 식이다. 그 외에 비취, 호랑이 뼈로 만든 것들도 있다.

3) 장식에 따른 분류장도에는 부귀문, 수복문, 다남문, 안녕문,
절개문 등을 많이 새겼는데, 부귀문은 부(富), 수복문은 수(壽), 복
(福), 십장생 그림이 대표적이고, 다남문은 박쥐문, 안녕문은 용문,
나비문, 강(康)자, 영(寧)자, 절개문은 사군자 및 소나무가 대표적이
다. 목장도의 조각이 장생문이면 '장생문장도', 박쥐면 '박쥐문장
도'라고 부르는 식이다.

그 외에도 조각, 상감, 칠보, 화각, 낙죽 등으로 장식하며, 화각장
도, 칠보장도, 낙죽장도 등으로 부른다.

4. 여성 장신구

가. 비녀의 유래 및 종류

우리나라는 예부터 전해져 내려오는 여자 장신구 종류가 많다. 옥을 주재료로 사용하고 금속과 함께 장신구를 만들어 사용하였는데 그중에서 특히 여성들의 쪽진 머리에 꽂아 사용하는 옥공예 장신구 옥비녀가 있다.

전통 옥비녀의 종류를 보면 매화잠, 용잠, 죽잠, 석류잠, 송이버섯잠, 민잠, 말뚝잠 등등, 여러 무늬의 옥비녀를 만들어 착용하였다. 삼국사기에 차(釵)라는 기록이 나오는 것으로 미루어 보아 삼국시대부터 비녀를 사용했다고 추측할 수 있다.

비녀가 다양한 모습으로 발전한 것은 조선시대 영조 때부터이다. 가체가 유행하며 이에 따른 사치가 심해지자 사치를 금하기 위하여 모든 부녀자의 머리를 쪽머리로 하도록 하면서 비녀의 사용이 일반화되었고, 이에 따라 비녀의 모양이 다채로워졌다.비녀는 생활필수품인 동

시에 값비싼 패물이었으며, 재료와 머리 부분의 장식에 따라 일상용
과 예식용으로 나누어진다.또한 비녀 위에 화려하게 장식되는 뒤꽂이
가 있는데 종류로는 매화무늬, 십장생, 국화무늬, 박쥐, 나비, 태극무
늬 등 여러 무늬를 디자인하여 옥으로 만들었다.

현재는 옥공예 장신구를 만드는 장인들이 많지 않은 것이 현실이
다. 그래도 옥공예 장인들은 전통한복에 착용하는 장신구를 만들어
공모전이나 전시회를 통해 옥공예 머리 장신구를 국내외 사람들에게
널리 알리는 데 최선을 다하고 있다.

- 매화잠 옥비녀(2011, 2023)

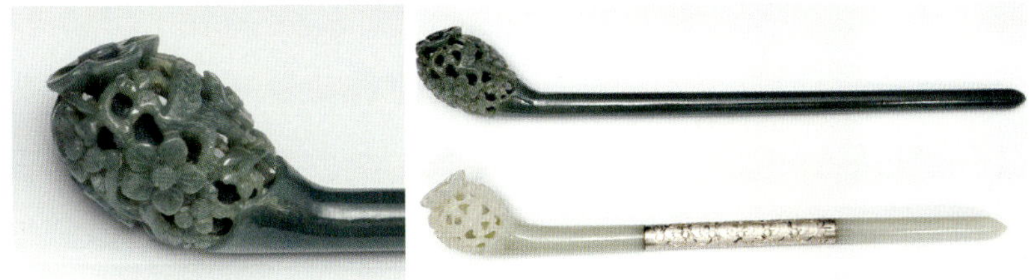

사진4-27. 매화잠 백옥(23.5×2.8cm), 청옥비녀(24.5×3cm)

머리 장신구 중에서 제일 많이 착용하는 것이 비녀이다. 그중에서
도 옥비녀가 여인들이 한복을 입고 활동하는 데 없어서는 안 되는 가
장 중요한 장신구로 알려져 있다.

매화잠 옥비녀는 비녀 머리 부분에 매화무늬와 매조를 조각하고
몸통의 중앙에 매화 줄기를 살려서 조각한 것이 매화잠 비녀의 특징
이다. 청옥비녀는 재료는 청옥이고 통으로 길게 만들어진 비녀이다.

            윤예노 옥공예

　백옥비녀의 재료는 백옥이고 비녀의 머리 부분과 꼬리 부분을 은으로 연결하여 제작하였다.

- 용잠 흑옥, 백옥 비녀(2021, 2024)

 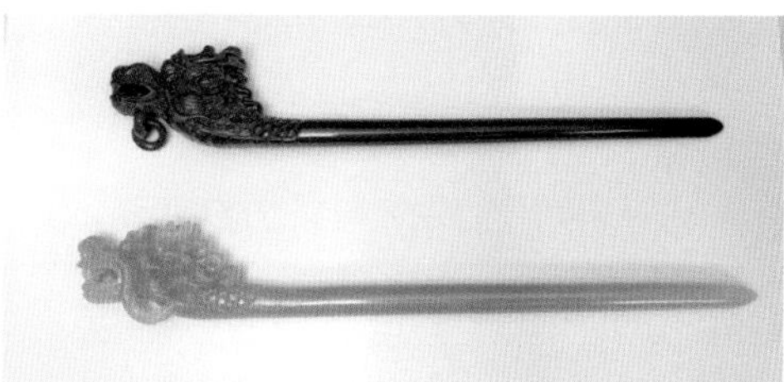

사진4-28. 용잠 흑옥(22×2.2㎝), 백옥 비녀(23×2㎝)

　흑옥으로 만든 용잠비녀는 용머리에 뿔과 갈기를 조각을 하였고 용의 턱에는 고리가 흔들리게 연결고리 식으로 조각하여 비녀를 착용하고 움직일 때 고리가 움직인다.

　용 입안에는 여의주가 있는데 여의주를 입속에서 자체 조각을 하여 입안과 여의주 구슬이 따로 움직인다. 그래서 비녀를 흔들면 옥구슬 구르는 맑은 소리가 난다.

- 백옥 죽잠 비녀(2018, 2023)

　상단에 있는 비녀는 죽잠 머리 부분에 대나무 잎 8개를 입체로 새김 조각하여 죽잠 비녀의 멋을 살려 더욱 품위 있게 만들었다. 백옥 죽잠 비녀는 통으로 옥을 가공하여 만들었는데 아래쪽 죽잠 비녀는 잎이 없는 대나무 모양으로 만든 비녀이다.

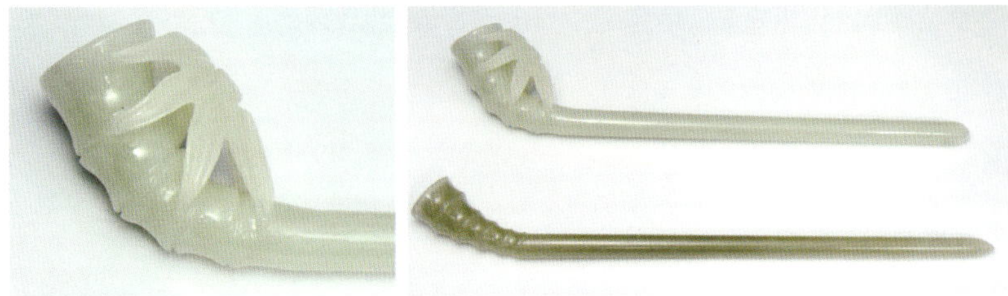

사진4-29. 백옥 죽잠 비녀 세트(23×2.7㎝)

- 청옥 사각 매화잠 비녀(2021)

사각 매화잠 비녀는 청옥을 재료로 사용하고 길게 통으로 만들고 머리 부분은 사각형으로 만들었다.

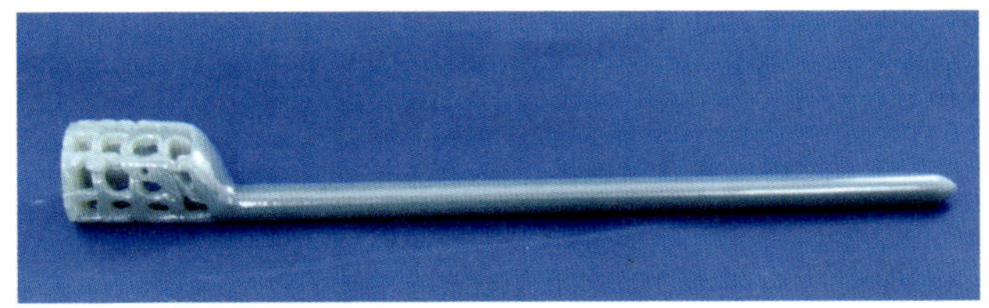

사진4-30. 청옥 사각 매화잠 비녀(23.5×2㎝)

- 봉황 옥비녀(2024)

조각 형태는 앞부분에 매화꽃을 조각하고 줄기와 매조를 넣어 새김을 하였다. 머리 몸통 속의 가운데에 조각기와 공구를 사용하여 매화 줄기를 만들어 최고의 기술을 발휘하였다.

백옥 봉황 비녀는 머리 부분을 봉황으로 디자인하여 조각기로 새김 작업을 하였다.

윤예노 옥공예

사진4-31. 봉황 옥비녀(21×2.2㎝)

봉황은 예로부터 모든 새의 우두머리라고도 불리며, 고구려 고분 벽화에 태양을 상징하는 삼족오 뒤에는 용이 있으며, 고구려 고분 벽화에서는 봉황을 개벽의 상징으로 본다.

봉황의 뜻은 수컷은 봉(鳳) 암컷은 황(凰)이라고 하는데 암수가 한 쌍으로 만나면 금실이 매우 좋다고 알려져 있다.

- 민무늬 비녀

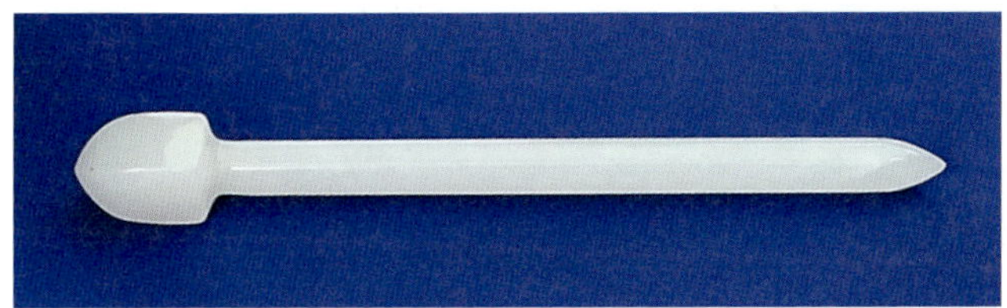

사진4-32. 백옥 민무늬 짧은 비녀

- 팽이버섯 비녀

사진4-33. 청옥 팽이버섯 비녀

- 배추무늬 비녀

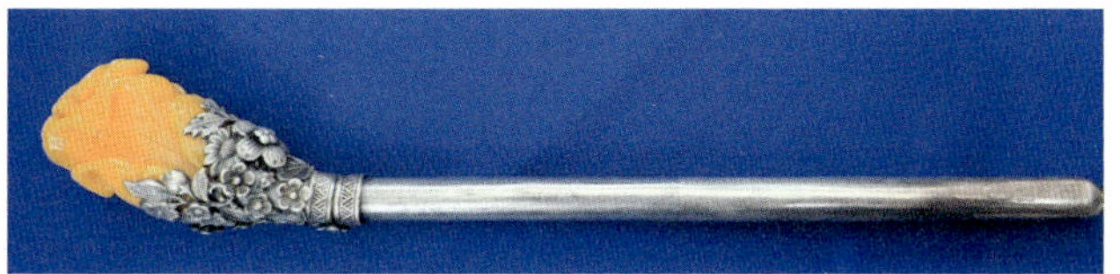

사진4-34. 호박, 은 배추 비녀

나. 옥 빗치개, 뒤꽂이(2025)

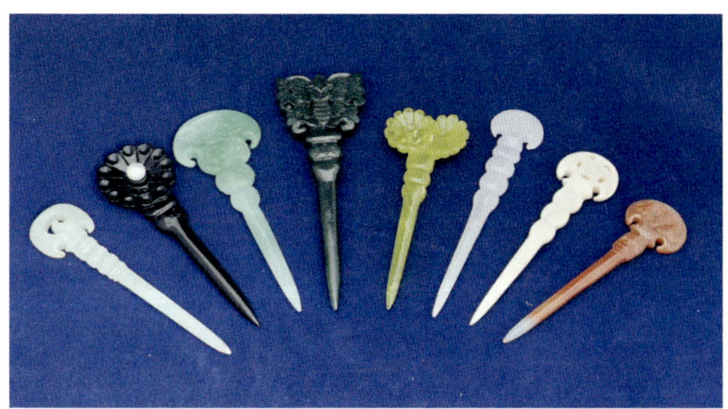

사진4-35 옥 빗치개. 뒤꽂이 세트(12㎝~10㎝)

옥 빗치개, 뒤꽂이의 재료는 백옥, 청옥, 황옥, 비취, 라벤더 비취, 자마노, 오닉스, 상아 등 여러 가지 옥을 사용하여 조각하였다.

형태는 전통 무늬의 매화, 십장생, 국화, 박쥐, 나비, 태극무늬 등을 디자인하여 새김 작업을 하였다.

빗치개는 고려시대 때부터 여인들이 가르마를 탈 때 빗치개의 뾰족

한 부분을 사용하고 때로는 쪽진 머리에 뒤꽂이로 사용하였다고 한
다. 뒤꽂이로 장식하기에 알맞게 되어 있어 빗치개의 머리 부분을 여
러 형태의 전통 무늬를 조각하여 예쁘게 만들어 착용하였다.

다. 화관 백옥 재료(2025)

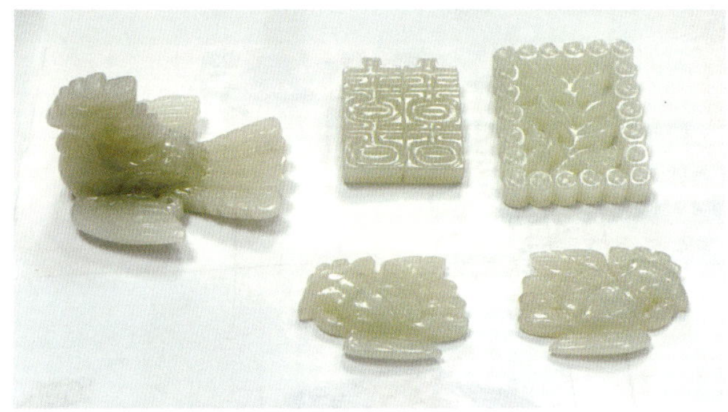

사진4-36. 화관 백옥재료

화관을 꾸밀 때 사용하는 백옥으로 만든 옥재료이다.

화관의 상단에 올라가는 봉황과 앞면에 달아매는 당초무늬 사각형
그리고 양면에 달아매는 작은 봉황 2마리를 백옥으로 조각하였고 뒷
면에는 쌍희자를 달았다.

예부터 화관은 화려하게 꾸미기 위해 색깔이 고운 여러 가지 보석
을 사용하고 꾸미는 방법은 다양하게 모양을 만들어 사용하였다.

라. 노리개

노리개는 저고리 고름이나 치마허리에 차는 여성들의 장신구이다.

노리개는 다채로운 색상과 귀한 패물을 사용하여 단조로운 우리나라 의상에 화려하고도 섬세한 미를 더해준다.

노리개는 띠돈(帶金)·끈(多繪) 및 주체가 되는 패물(三作 또는 單作)·매듭(每緝)·술(蘇) 등으로 구성된다. 띠돈은 주체가 되는 패물을 연결한 끈을 한곳에서 정리하기 위해 만든 고리로 고름에 걸게 되어 있다.

재료로는 금·은·백옥·비취·금패·산호(珊瑚) 등을 사용하고, 형태는 정사각형·직사각형·원형·화형(花形)·나비형·사엽형(四葉形) 등으로 만들었다. 화문(花紋)·쌍희자문(雙喜字紋)·용문·불로초문 등의 길상문양을 장식하였다.

주체가 되는 패물은 한 개 또는 세 개를 다는데, 한 개로 된 노리개는 단작(또는 외줄)노리개, 세 개가 한 벌로 된 노리개는 삼작노리개라 하였다.

노리개는 다는 패물의 종류와 규모에 따라 예복용과 평복용으로 구분되며, 패물의 종류·형태, 술의 종류에 따라 다양한 종류가 있다.

재료로는 금·은·동 등의 금속류와 백옥·비취·자마노(紫瑪瑙)·홍옥·청강석(靑剛石)·진옥(眞玉)·금강석·공작석(孔雀石) 등의 옥석류(玉石類) 등이 사용된다. 또한 밀화(蜜花)·산호(珊瑚)·진주·금패(錦貝)·대모(玳瑁)·호박(琥珀) 등의 보패류(寶貝類), 색사(色絲)·주단(綢緞)·금은사 등이 사용된다.

형태에는 동자·박쥐·거북·나비·오리·붕어·매미·자라·해태 등의 동물 형태와, 가지·고추·포도송이·목화송이·천도·연화·석류 등의 식물형태가 있다. 또한 호로병·주머니·종·표주박·북·장구·자물쇠·안경집·도끼·방아다리·방울·투호(投壺)·장도(粧刀)·석등·벼루 등 생활주변에서 얻은 형태와 또 불수(佛手)·염주(念珠) 등의 형태가 있다.

궁중과 상류사회에서 평민에 이르기까지 여성들에게 애용되었던 노리개는 친가와 시부모로부터 예물로 받고 다음에는 자녀들에게 물려주었으므로 대를 잇게 마련이었고 가보로 여겨졌었다. 또한, 노리개를 패용하는 정신적인 배경에는 부귀다남·불로장생·백사여의(百事如意) 등 그 시대의 행복관을 바탕으로 한 염원이 내포되어 있었다고 할 수 있다.

노래개 중 하나로 향집이 있다. 향집은 신라시대부터 사용된 걸로 보는데 산호향집, 호박향집, 옥향집, 비취향집으로 나누어지고, 향집의 형태에 따라 투호향집, 복주머니향집, 사각, 팔각, 타원 등 여러 형태의 향집이 있다.

향집은 약용, 장식용, 부적용으로 애용되었고 궁중에서 왕이나 신분의 고하에 상관없이 향주머니를 차고 다녔다고 한다. 각종 의식에도 필수품이 되었다.

사진4-37. 산호, 나비, 호박 대삼작노리개

사진4-38. 백옥 투호삼작노리개

사진4-39. 비취, 산호, 호박 방아다리노리개

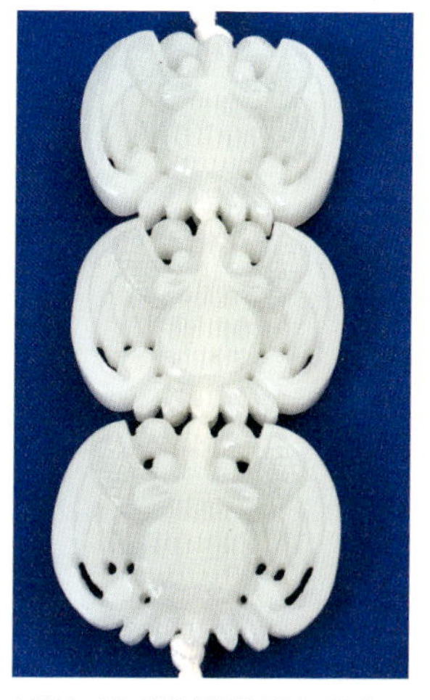

사진4-40. 백옥 박쥐삼작 노리개

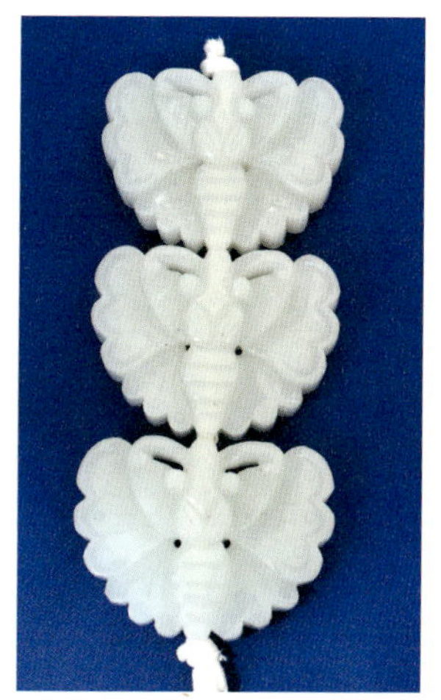

사진4-41. 백옥 나비삼작 노리개

- 단작 향집 노리개

사진4-42. 십장생 향집

사진4-43. 봉황 노리개

사진4-44. 금파 투호 노리개

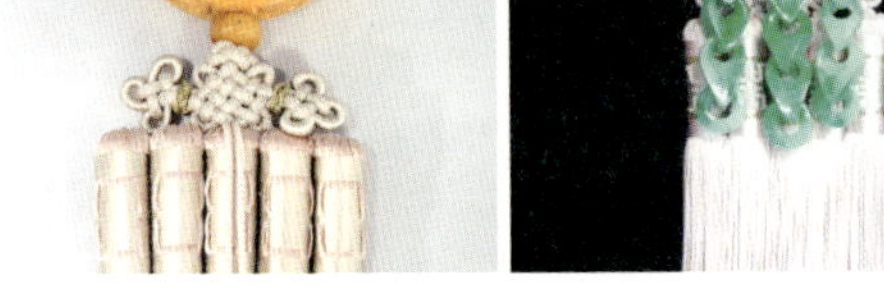

사진4-45. 호박 십장생 노리개

사진4-46. 비취 연화등 연결고리 노리개(10.8×6.2×1.8㎝)

사진4-47. 호박 나비 노리개 겸 목걸이

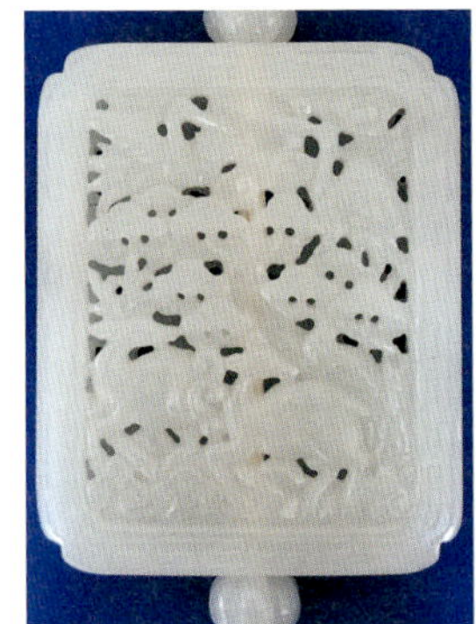

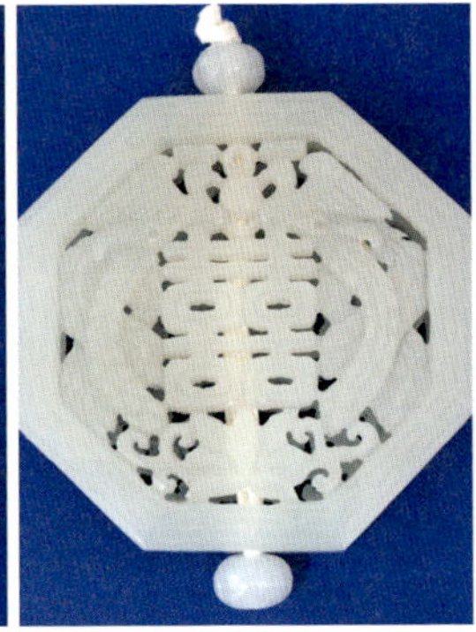

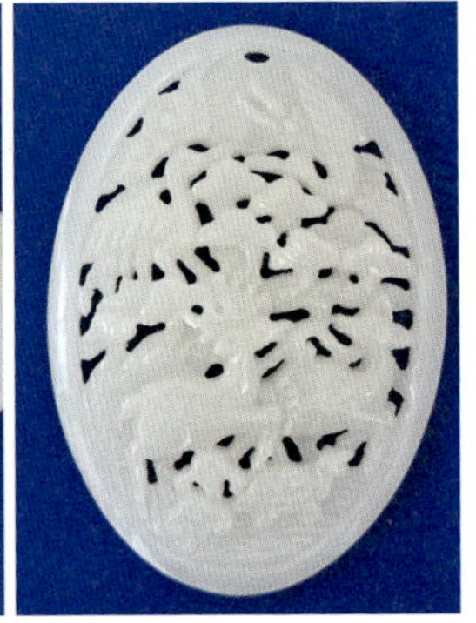

사진4-48. 백옥 사각 십장생 노리개

사진4-49. 백옥 팔각 봉황 노리개

사진4-50. 백옥 타원 십장생 노리개

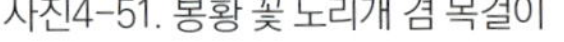

사진4-51. 봉황 꽃 노리개 겸 목걸이

사진4-52. 이중 꽃 노리개 겸 목걸이

마. 옥가락지

- 가락지의 유래 및 종류

장식용으로 여자의 손가락에 끼는 지환(指環)의 총칭으로 고리가 하나로 된 것을 반지라 하고 쌍으로 된 것을 가락지라 한다. 주로 혼인예물로 사용되었으며 중국의 문헌에 의하면 그 역사가 4천년에 이른다.가락지는 원래 장식용이기보다 신물(信物)로부터 출발하였다고 한다. 신물은 원래 신분확인을 위한 신표(信標)였으나 후대에 이르러 남녀의 애정에 대한 믿음과 절개의 불변함을 약속하는 정표로 쓰였다.재료는 금, 은, 구리 또는 옥, 비취(翡翠), 호박(琥珀), 마노(瑪瑙), 밀화(蜜花), 산호(珊瑚) 등을 사용한다. 재료에 따라 겉을 민패로 하기도 하고 문양을 조각하기도 하여 장신구로서의 여러 가지 모양을 나타낸다.무늬로는 박쥐나 꽃문양이 주가 되는데 박쥐문양은 행운을 상징한다. 반지는 미혼 기혼을 가리지 않고 아무나 끼지만 가락지는 기혼녀만 끼는 것으로 되어있다. 조선시대에는 종류에 따라 계절에 맞추어 끼기도 하였다.

옥반지에 사용하는 무늬는 전통과 현대무늬를 사용하여 그림을 그리고 조각을 한다.

전통무늬는 십장생, 매화꽃, 용, 사군자 등이 있고, 현대무늬는 꽃종류, 풍경화, 동물 등 사물과 살아있는 동물을 소재로 이용하여 그리고 새김작업을 하는 것을 말한다.

- 옥 외반지

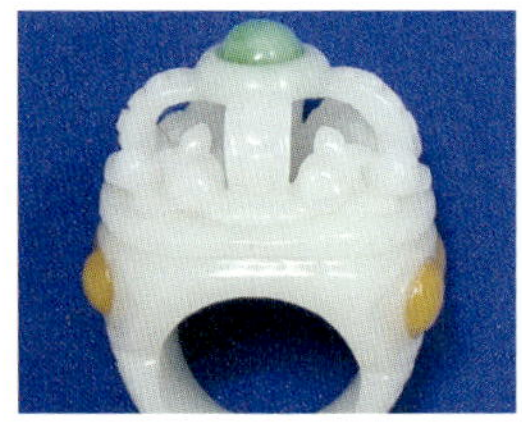

사진4-53. 왕관 반지

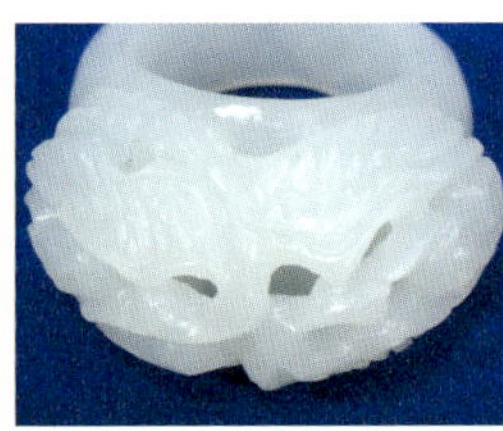

사진4-54. 쌍학 반지

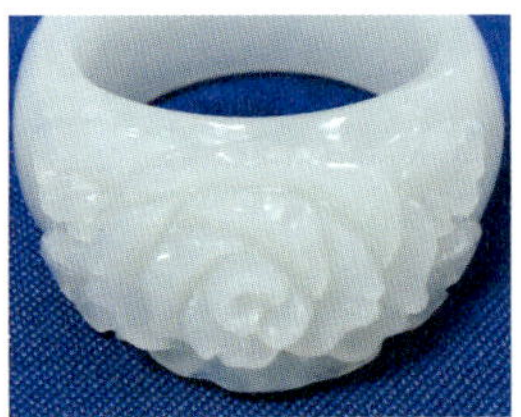

사진4-55. 장미 반지

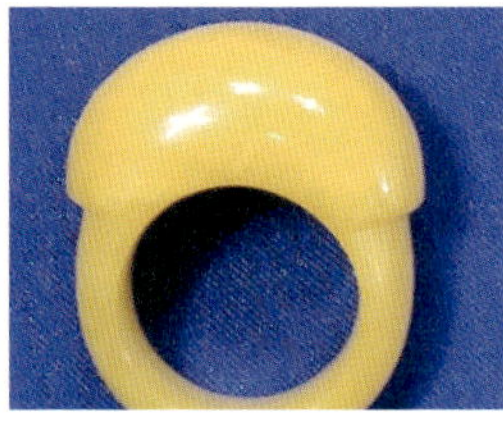

사진4-56. 호박 뿔 반지

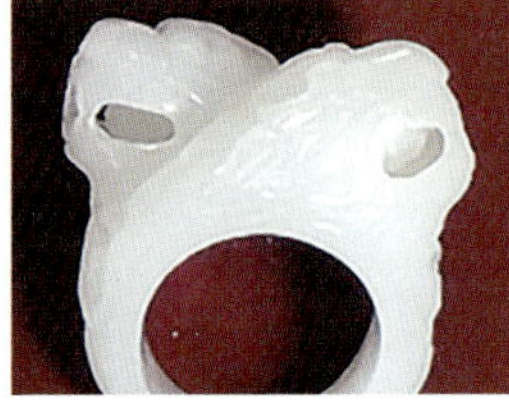

사진4-57. 쌍용 여의주 반지

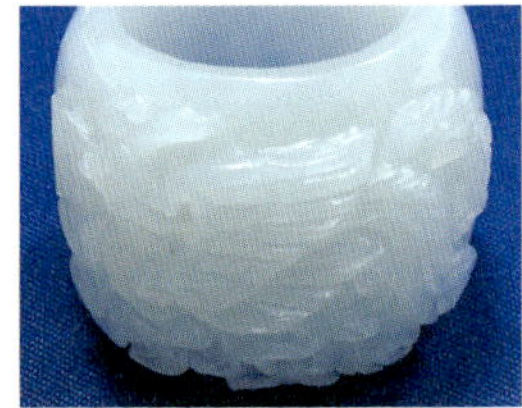

사진4-58. 봉황조각 반지

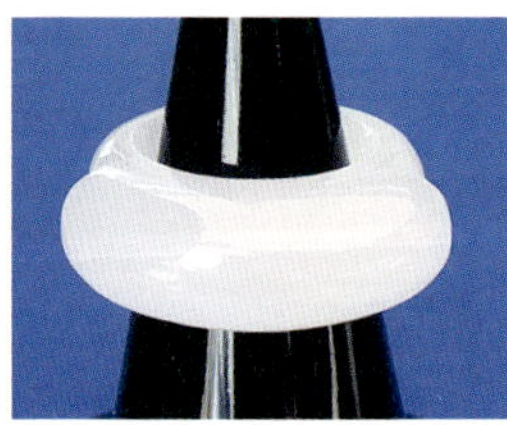

사진4-59. 라벤더 비취반지

사진4-60. 장미꽃 외반지

사진4-61. 청옥 사각 외반지

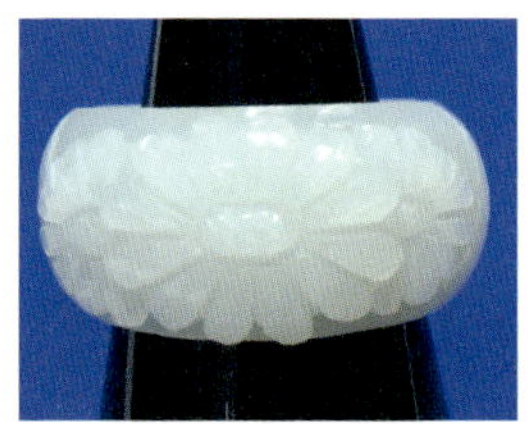

사진4-62. 국화꽃 외반지

윤예노 옥공예

- 조각 쌍가락지

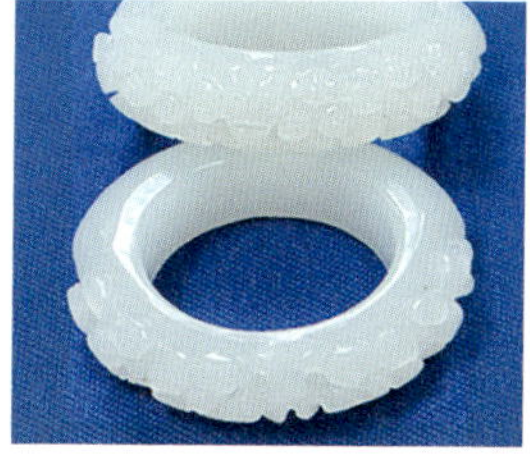

사진4-63. 봉황 쌍가락지

사진4-64. 청옥 묵주 쌍가락지

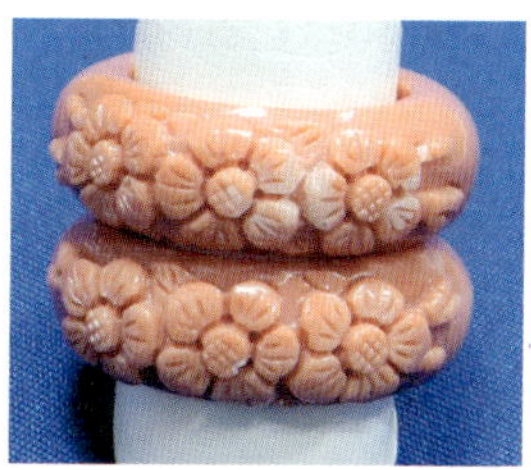

사진4-65. 산호 매화무늬 쌍가락지

- 민무늬 쌍가락지

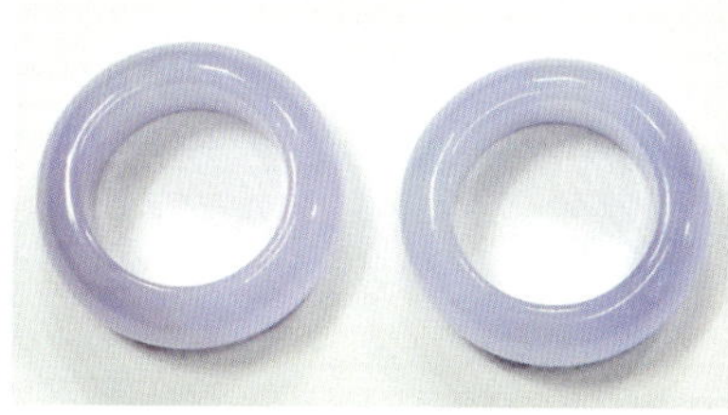

사진4-66. 라벤더 비취 쌍가락지

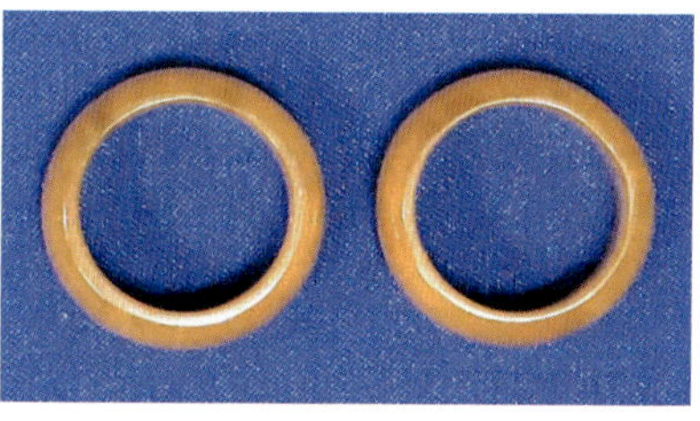

사진4-67. 호박 쌍가락지

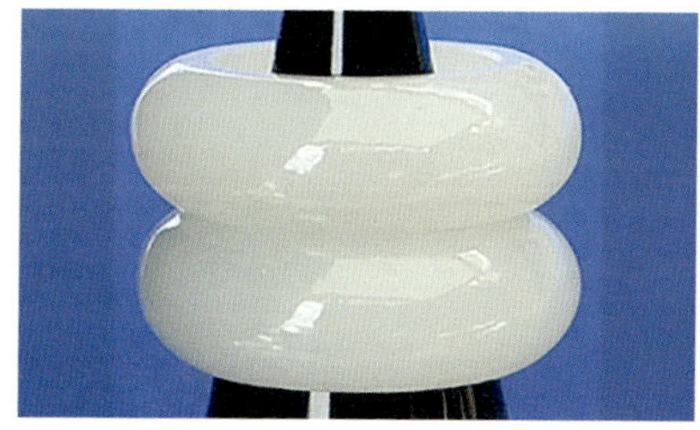

사진4-68. 백옥 민 쌍가락지

사진4-69. 비취 쌍가락지

바. 브로치

　브로치는 옷의 앞가슴 부위에 금속 핀으로 고정하여 멋으로 착용하는 장신구이다. 브로치 원석재료는 백옥, 비취, 호박, 자마노, 산호 등 브로치로 착용하였을 때 품위를 유지할 수 있는 원석을 사용하여 제작한다.

사진4-70. 비취, 라벤더 비취, 청금석 나비 브로치

사진4-71. 비취, 백옥, 자마노 도라지꽃 브로치

사진4-72. 산호 꽃 브로치

사진4-73. 청옥 브로치

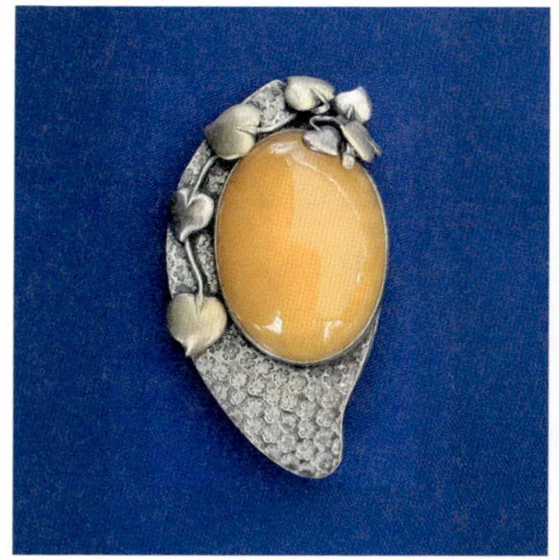

사진4-74. 호박 은 브로치

사진4-75. 백옥 삼족오 꽃 브로치

사진4-76. 비취 삼단 꽃

사진4-77. 비취 꽃나비

사. 옥 연결고리 용팔찌

　백옥 원석을 사용하여 용팔찌를 만들었는데 두 마리 용의 머리가 마주 보며 입안에는 여의주가 따로 움직이는 조각을 하였다. 그리고 팔찌 줄은 사각형을 연결고리로 조각하여 기술의 우수함을 표현하였다.

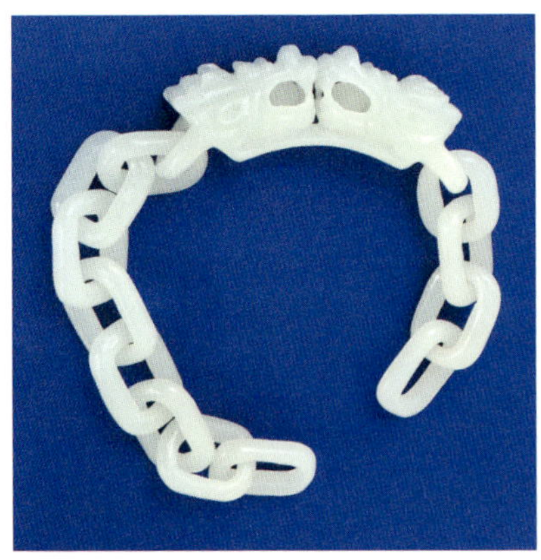

사진4-78. 용 연결고리 팔찌

5. 남성 장신구

인류는 구석기 시대부터 몸을 치장하기 위해 장신구를 만들어 왔다. 동물 뼈를 갈아서 만든 장신구로부터 여러 가지 재료를 사용하여 정교한 장신구를 만들어 남자가 치장하기 위해 끊임없이 노력하였다.

남자들이 한복을 입고 착용하는 노리개와 도포 끈이 있으며 머리에는 상투가 있다. 머리카락을 둘둘 말아 올리고 모발이 풀어지지 않게 옥으로 만든 뾰족한 동곳을 상투에 꽂아 머리카락을 정리하기도 하였다.

망건을 머리에 쓰고 위에 갓을 올려 선비의 모습을 갖추는데, 망건에는 옥으로 만든 풍잠(風簪)과 관자(貫子) 등이 있다. 풍잠과 관자는 갓을 이마 위에 고정시켜 갓이 뒤로 넘어가지 않도록 하는 역할을 한다.

갓 위에는 옥로가 있는데 옥로를 사용하는 신분은 높은 벼슬이나 이웃 나라에 사신으로 가는 사람으로, 갓 위에 옥으로 만든 해오라기 장신구를 달았다.

이 밖에도 조선시대 남자들은 여러 장신구를 착용하여 남자의 위엄과 멋을 내기 위해 최선을 다하였다.

가. 옥자개 상감 상투관

상투관은 제복을 입고 머리에는 상투를 틀어 가지런한 머리에 백옥으로 제작된 상투관을 올려놓고 비녀를 상투관에 꽂아 사용하였다.

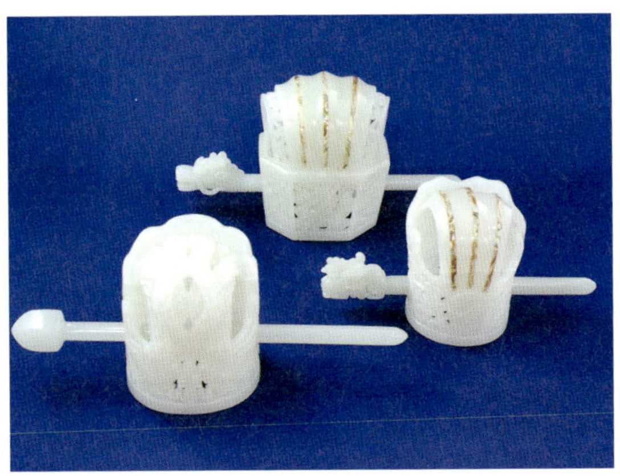

사진4-79. 백옥 자개상감 상투관 가로(14.8x7.5x5(㎝)

백옥으로 된 춘천 옥을 새김작업을 하였는데 왕을 상징하는 용무늬와 봉황을 스케치하여 새김작업을 하였다.

이 작품의 특징은 옥 상투관의 상단에 음각으로 넓게 세 갈래로 파

    윤예노 옥공예

내고 음각 부분에 자개를 삼각기법으로 처리한 자개상감 작품이라는
점이다.

나. 옥로

사진4-80. 옥로(용 원통(5.5x2.8x2.8㎝)

옥로의 용도는 갓 위에 부착하는 것으로 왼쪽 사진은 해오라기 옥
로이다. 재료는 백옥과 은을 사용하였으며 은판에는 나비 모양과 매
화꽃을 새겨 넣었다.

가운데 옥로는 백옥에 용과 운무를 새겨 넣은 원통형이고 오른쪽
옥로에는 사슴과 해오라기, 연잎, 연꽃과 줄기를 조각하였다.

다. 전통무늬 백옥 보타이(2009)

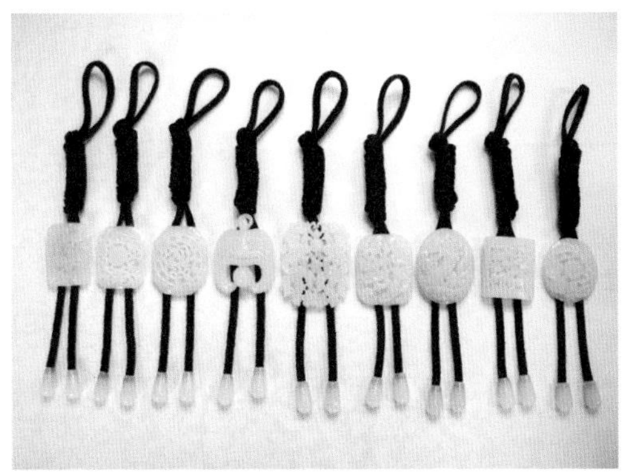

사진4-81. 백옥 보타이 세트

　백옥 보타이는 남성용이며 계모임이나 격식이 있는 장소에 나갈 때 넥타이 대신 목에 착용한다. 보타이는 춘천 옥으로 제작하였으며 디자인은 왼쪽부터 우리의 전통무늬인 쌍학, 용, 당초무늬, 해태상, 쌍봉황, 매화꽃, 십장생을 새김 작업하였다. 끈은 실크 줄을 사용하였고 아래에는 백옥으로 연마하여 줄 끝에 부착하였다. 사용 용도는 보타이 겸 목걸이로 사용할 수 있다.

라. 마고자 단추

　남성의 한복에 저고리와 조끼에 달아매는 단추이며 재료는 라벤더 비취와 호박으로 만든 마고자 단추로 제작하였다.

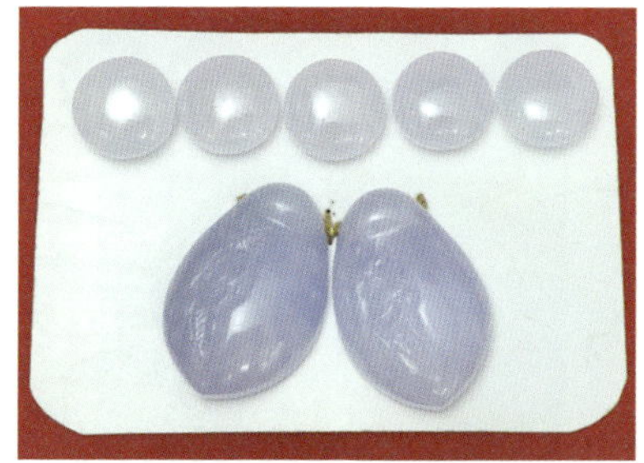

사진4-82. 라벤더 비취 마고자 단추 세트

사진4-83. 호박 마고자 세트

마. 동물 보타이

사진4-84. 백옥 호랑이 루비 보타이

사진4-85. 백마 루비 안구 보타이

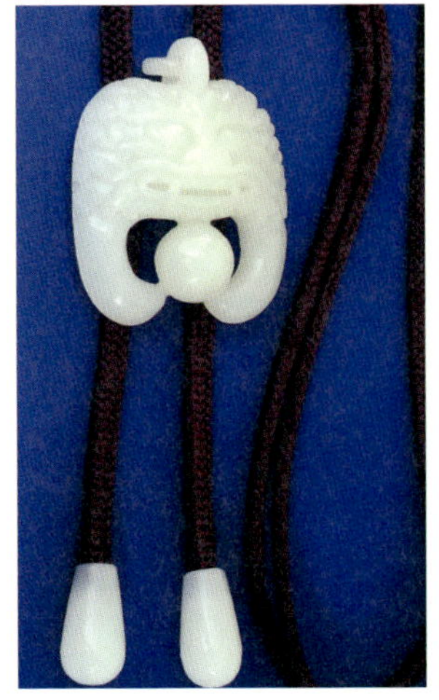

사진4-86. 백옥 해태 보타이

사진4-87. 쌍봉황 보타이

바. 망건

망건은 상투를 틀 때 머리카락이 흘러내려 오지 않도록 이마에 두르는 그물 모양의 물건으로 조선시대에 결혼한 남자가 사용하였다.

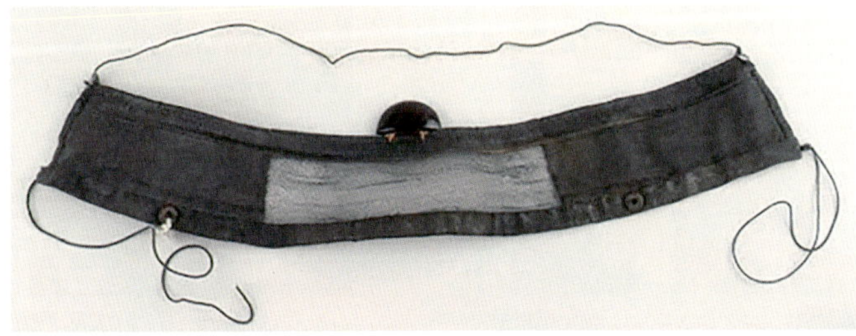

사진4-88. 망건

윤여노 옥공예

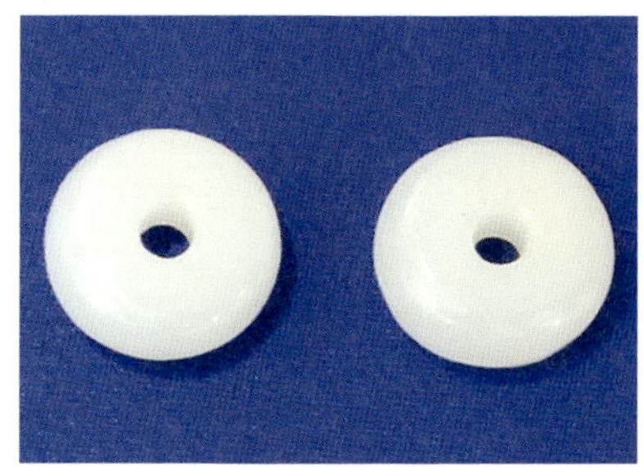

사진4-89. 망건의 양옆에 부착하는 백옥 관자

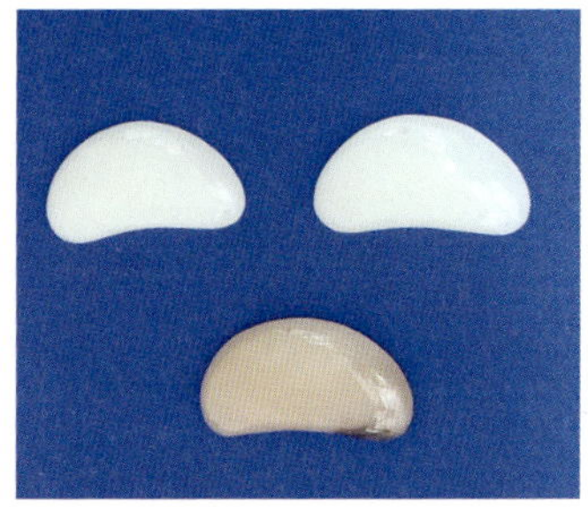

사진4-90. 갓이 흘러 내리지 않게 하기 위
해 망건앞에 부착하는 백옥 풍잠.

5장

작품 활동

나는 옥을 가공하는 장인으로서 옥공예품의 우수성을 널리 알리기 위해 계속해서 활동해 왔다. 그간 개인전 및 초대전을 3회 개최하였고, 1990년부터 전국단위 공모전에 출품한 횟수도 29회에 달한다. 그때마다 우수한 성과를 거두었으며, 이러한 성과는 옥제품의 새로운 디자인 연구개발에 더욱 매진하게 하였다.

공모전에서 수상한 내용은 다음과 같다.

2011년 제36회 대한민국 전승공예대전에 청옥당초 삼족 오문함을 출품하여 장려상을 수상했으며, 2020년에도 대한민국 전승공예대전에 옥투각칠보문향로 출품하여 장려상을 수상했다. 기타 공모전에도 옥공예 작품을 출품하여 여러 차례 수상하였다. 대한민국 전승공예대전은 여느 공모전보다 우수 작품이 다수 출품되는 등 경합이 치열해 여기서 수상은 공예인들에게 큰 자부심이 들게 한다.

지역 공모전에서도 수상하였는데 2009년에는 서울시에서 주최하는 서울 공예상 공모전에 출품하여 특선을 수상하였다. 서울 외 여러 지역에서 공모하는 대회에도 우리의 전통무늬를 활용한 장식용품들을 조각하고 제작하여 출품하였다.

서울시에서 주관하는 사라져가는 전통문화 지원사업에도 2011, 2012, 2018, 2021년에 선정되어 옥새, 옥주전자, 보살 등의 작품을 만들어 한옥마을, 서울시청 시민청에서 전시하였다. 이때마다 방문한 많은 관람객에게 우리 전통문화를 알리며 작품성이 좋다는 호평을 받기도 하였다.

2010년 5월부터 2011년 12월까지 전통공예인들이 모여서 옥작품

  윤예노 옥공예

전시와 옥공예품을 조각하는 과정을 시연하는 행사가 있었다. 청와대 사랑채에서 진행했는데 관람객들은 평소 볼 수 없었던 옥조각 하는 모습을 보고 매우 신기해하고 좋아하였으며, 옥공예에 관한 관심도 키울 수 있었다.

또한 대한민국 기능전승자회와 서울과학기술대학교 동문 전시회 등 단체전에 17차례에 걸쳐 전통무늬를 조각하여 옥공예 작품을 출품하였는데, 단체전을 통해서도 옥의 우수성과 옥공예품의 매력을 알리는 데 주력하였다.

국내 전시나 출품에 머무르지 않고 해외에도 다녀왔다. 2011년 9월 전통공예인 단체에서 미국 LA 한인촌의 민족축제에 참여하여 전시와 시연을 하였는데, 나도 단체의 일원으로 참여하여 우리나라 전통공예품을 알리는 데 주력하였다. 아름답고 매력적인 전통 옥제품에 LA 거주 한인들뿐 아니라 미국인들도 놀라워하며 감동하는 등 호응도가 높았다. 그 행사에서는 마을 어귀에 세우는 장승을 공예인들이 합동으로 제작하여 세우는 것을 봉사로 진행하였다.

나는 공모전과 단체전에 참여할 때 작품 완성도에도 최선을 다하지만 작품의 원재료에도 최고만을 고집한다. 작품은 국내에서 생산되는 최상품 백옥을 사용하였고 부속재료는 호박, 산호 등 전통보석을 사용한다. 개인전은 물론 공모전, 단체전에서도 모두 마찬가지이며 이를 통해 작품의 품위를 높이고자 노력하고 있다.

I. 개인전

가. 개인전시 및 체험교실(2012 광화문 광장)

사진5-1. 광화문 광장 전시장 설치 장소 풍경

사진5-2. 옥공예 우수성을 설명하는 윤예노 장인

사진5-3. 청소년과 학부모들의 옥 체험 현장 모습

나. 옥공예 장신구 개인전(1015 운현궁)

사진5-4. 운현궁 족두리 전시 작품.

사진5-5. 태조 임금 어보 전시품

사진5-6. 청옥 문함 및 연결고리 옥주전자

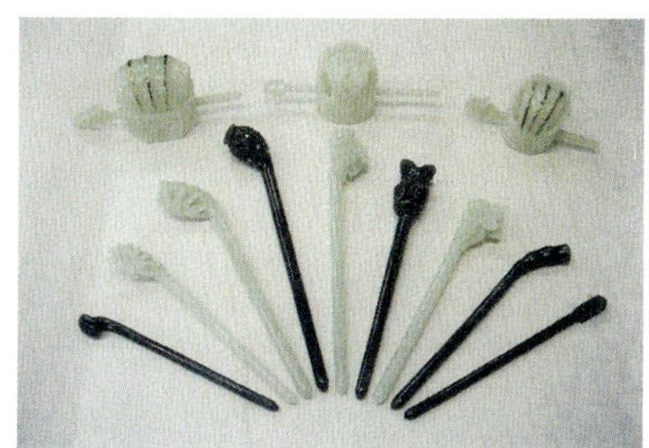

상투관, 옥비녀 (18~24cm)

옥장도 세트 (15~17cm)

사진5-7. 옥 상투관, 비녀 및 옥장도 전시품

사진5-8. 전시장 내부 전경

사진5-9. 조각 시연 및 전시장 입구

다. 옥 장신구 기물 기획 초대전(2024 서울주얼리센터)

사진5-10. 서울주얼리 센터 전시장 입구

사진5-11. 대학생들에게 옥공예 작품의 유래를 설명하는 윤예노 장인

사진5-12. 전시한 명성황후 어보

사진5-13. 전시한 옥벼루, 연적, 붓

윤예노 옥공예

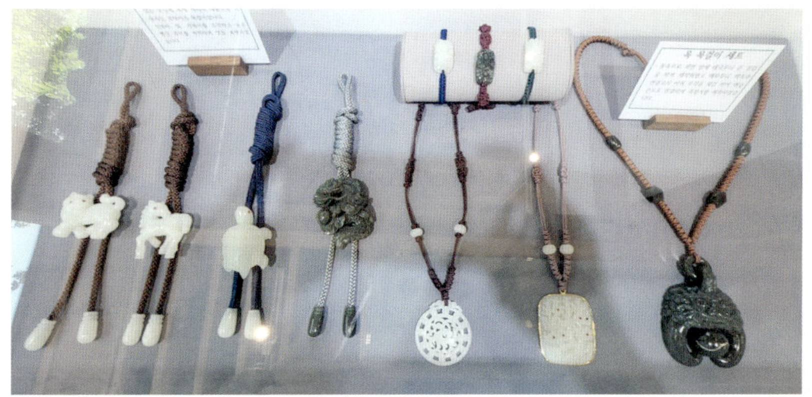

사진5-14. 전시 중인 옥 동물 보타이, 삼족오 목걸이, 청옥 괴면상 목걸이, 옥룡 목걸이

사진5-15. 전시한 옥 투호 노리개, 금파(밀화) 삼작노리개

2. 공모전 수상

가. 대한민국 전승공예대전

사진5-16. 2011년 36회 대한민국 전승공예대전 장려상(청옥당초 삼족오 문함)

　고려시대의 상감 청자모자함을 표본으로 삼아 청옥으로 재료를 바꾼 것이다. 제작과정은 원석을 재단하고 조각기로 새김하고 삼족오와 당초무늬 및 완자무늬를 새겨 완성했다.

사진5-17. 2013.10. 대한민국 전승공예대전 입선 수상작(백옥 장도)

백옥장도의 디자인은 매화, 용, 호랑이. 죽잠 등 전통 무늬를 조각하여 품위를 높였고 매듭끈으로 장식해서 제작하였다.

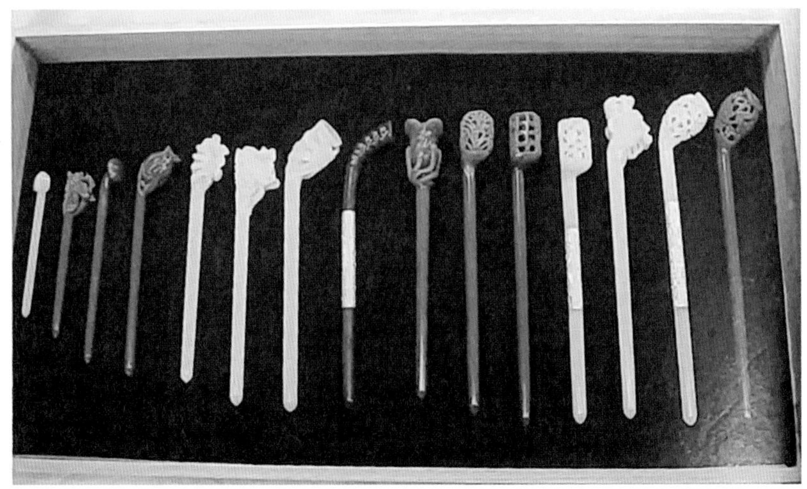

사진5-18. 2010년 제15회 전주 전국전통공예대전 백옥 장려상 수상(백옥 비녀세트)

옥비녀는 예로부터 여인들이 쪽진 머리에 착용하였다. 옥에 새김조각을 한 비녀는 매화잠, 용잠, 석류잠, 죽잠 등 여러 전통무늬를 활용하여 제작하였다.

다. 서울 공예상 공모전

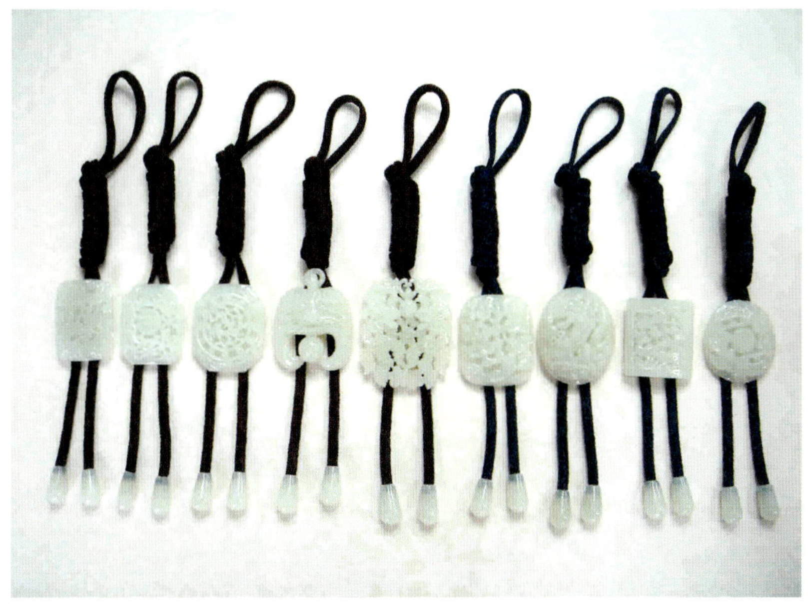

사진5-19. 2009년 서울 공예상 공모전 특선 수상작(옥 보타이)

백옥 보타이세트는 전통무늬인 팔각형, 괴면상, 봉황, 사각, 복주머니 형태를 조각하였고, 보타이는 주로 남자들이 넥타이 대신 착용하는 장신구이다.

라. 디자인 혁신 대전

백옥을 재료로 사용하고 목걸이 매듭
끈을 사용하여 제작하였다. 용을 중심
으로 구름 위에 하늘로 승천하는 용을
형상화하여 용머리가 하늘로 향하게 디
자인 조각하였다.

사진5-20. 2023 디자인 혁신대전 동상
수상작(용투각 승천 목걸이)

3. 단체전

가. 대한민국 기능전승자회 회원전(인사동 한국미술관)

사진5-21. 대한민국 기능전승자회 회원전 팸플릿

윤 예 노

명성황후 옥새

30cm × 20cm × 11cm

명성황후 옥새는 고종황제가 명성황후의 시해 사건 이후 안타까운 마음에
명성황후를 기리는 마음으로 황후지보라는 글귀를 새겨 제작한 옥새입니다.
원본 옥새는 용을 금속으로 제작되었지만 옥새를 백옥으로 용이 디자인된 원본의 크기와 똑같이 재현한
옥새입니다. 매듭 수실은 본견으로 손수 제작하고 홍실로 옛 디자인을 재현한 제품입니다.

사진5-22. 명성황후 어보 전시 작품

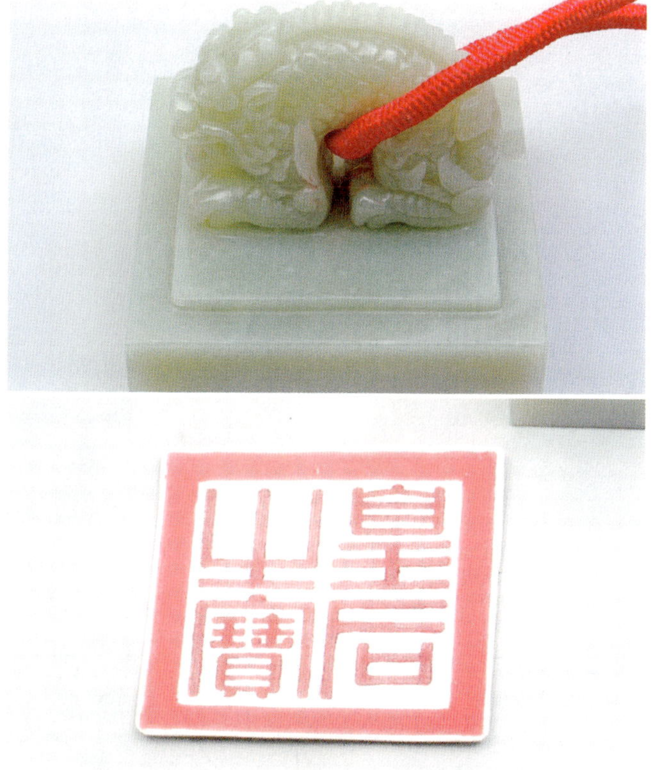

사진5-23. 명성황후 어보(황후지보) 글자

사진5-24. 전통공예 명품전 표지

사진5-25. 연옥 거북이 인장 전시 작품

4. 걸어온 길과 활동 및 수상

가. 학력

연	월	내용	비고
2011	2	서울과학기술대학교 전통공예최고전문가 과정 수료	서울과학기술대학교 총장
2018	8	고등학교 졸업학력 검정고시 합격	서울시 교육감
2023	2	한국방송통신대학교 문화교양학과 졸업	한국방송통신대학교 총장

나. 경력

연	월	내용	비고
1976	3	옥공예 전통장신구 공방 입사	
1988	5	옥공예 기물, 장신구 공방 퇴사	
1988	10	예화 옥공예 공방 개업	
2026	2	현재 예화공방 대표	

다. 개인전

연	월	내용	비고
2012	5	개인전 및 체험교실	광화문 광장
2015	7	옥공예전통장신구 개인전	운현궁
2024	4	옥장신구, 기물 기획 초대전	서울주얼리쎈타

라. 공모전 출품 및 수상

1) 대한민국 전승공예대전

연	월	대회명	상벌	출품작
2003	12	대한민국 전승공예대전	입선	족두리
2011	10	대한민국 전승공예대전	장려상	청옥당초 삼족오 문함
2013	10	대한민국 전승공예대전	입선	백옥 장도
2020	10	대한민국 전승공예대전	장려상	백옥투각칠보문향로

2) 전국 단위 공모전

년	월	대회명	상벌	출품작
2004	7	제7회 세계평화미술대전	입선	백옥 은떨잠
2005	7	제8회 세계평화미술대전	입선	갈옥연결고리 주전자
2005	11	대한민국 문화관광상품대전	특선	머리장신구 뜰잠
2005	12	온 고을 전통공예 전국공모전	특선	삼작노리개
2009	7	제12회 세계평화미술대전	우수상	갈색옥 연결고리 잔
2009	6	서울 공예상 공모전	특선	옥 보타이
2010	12	제15회 전주 전국전통공예 대전	장려상	백옥 비녀세트
2011	6	서울 공예상 공모전 입선	입선	연옥 상투관 비녀세트
2011	8	제14회 세계평화미술대전	우수상	백옥 은 떨잠

2012	11	제1회 KDB 전통공예산업대전	입선	백옥 주전자 세트
2012	12	제17회 전주 전국전통공예대전	특별상	백옥 상투관
2012	12	제1회 국제 보석커팅작품 공모전	우수상	청옥 목걸이
2013	6	서울시 공예상 공모전 입선	입선	브로치 세트
2015	10	제1회 전통공예상품 공모전	입선	옥동물 목걸이
2015	12	11회 국제귀금속장신구대전	명장상	옥 노리개
2017	11	국제귀금속장신구대전	장려상	옥나비 브로치
2018	12	전주 전국전통공예대전	특별상	옥대
2019	2	광주 수공예품 전국대전	장려상	연옥, 벼루, 붓, 연적
2019	12	전주 전국전통공예대전 장려상	장려상	왕, 왕비 패옥
2019	12	제8회 대한황실공예대전	특선	옥 자개상감 상투관
2020	2	광주 수공예품 전국대전	특별상	브라운옥 주전자 세트
2020	12	베스트굿즈상	굿즈상	태극당초 목걸이
2023	7	디자인 혁신대전	동상	용투각 승천 목걸이
2024	10	제14회 KGTA 국제 주얼리아트 디자인 컨테스트	특선	천사의 용꽃
2025	7	제55회 대한민국 공예품대전 서울시 예선	동상	빗치개, 뒤꽂이

마. 단체전

년	월	내용	주최
2010	4	서울산업대학교 100주년기념 전시회	서울산업대학교
2010	11	C&C20 전통공예대전 서울광장 시연, 전시	한국전통공예산업진흥협회
2010	5	2011.5~2011.12. 청와대 사랑채 옥 조각 시연, 전시	한국전통공예산업진흥협회
2011	9	LA 한인 민속축제 시연, 전시	한국전통공예산업진흥협회
2011	11	사라져가는 전통문화 한옥마을 작품전시	서울시청 문화재과
2012	6	제32회 전통공예 명품전 (중요무형문화재 전수회관)	국가무형유산기능협회
2012	10	서울과학기술대학교 통공예100주년 기념 전시회(롯데월드민속박물관)	전통공예최고전문가 과정 동문
2014	11	성동구 소월아트홀(공예로 물들다) 서울과학기술대학교	전통공예최고전문가 과정 8기 회원전
2015	7	한국 주얼리페어 전시(코엑스)	주얼리총연합회
2015	9	청주 국제공예비엔날레 전시	한국전통공예산업진흥협회
2016	9	운현궁 회원전시(한빛모임) 9.11.~20.	한빛모임회
2017	3	왕십리역사 전시관(공예로 물들다) 3.7.~31.	과기대8기회원전
2022	10	대한민국기능전승자 회원전(인사동)	대한민국기능전승자회
2023	12	제4회 한국보석협회 회원작품 공동전시(서울특별시의회 본관 전시)	한국귀금속보석협회
2024	5	북촌문화센터 종로경공방 회원 전시	북촌전통공방협의회
2024	9	전통공예 작품 전시 (인사동 한국미술관)	대한민국기능전승자회
2025	10	정기 전시회(청남대)	대한민국기능전승자회

윤예노 옥공예

바. 보석가공 경진대회

년	월	대회명	수상	주최
2017	12	대한민국 소상공인 기능대회 (보석가공)	장려상	소상공인연합회
2018	7	한국귀금속공예기술경기대회 (보석가공)	장려상	한국주얼리산업연합회
2020	7	한국귀금속공예기술경기대회 (보석가공)	은상	한국주얼리산업연합회

사. 방송출연 및 협찬

년	월	내용	방송국	작품
2016	7	극한직업 보석재가공 출연	EBS	상아 여인상 브로치
2019	1	킹덤 시리즈 왕세자 호패 제작 협찬	넷플릭스	청옥 용 호패
2022	12	35회 고두심이 좋아서(종로를 접수하다) 출연	채널A	옥기물, 장신구

아. 표창장 및 상장

년	월	내용
2010	12	임태희 대통령비서실장 감사장 수여
2013	12	한국주얼리산업연합회 표창장 수여
2015	12	중소기업 중앙회 표창장 수여
2017	12	소상공인 연합회 표창장 수여
2018	12	국회의장 상장
2022	12	2022년을 빛낸 대한민국 인물대상 수상(문화계승부분)
2023	11	중소기업 중앙회 서울지역본부 표창장 수여(소상공, 소기업)
2024	12	서울시 시의회 의장 표창장 수여
2026	2	고용노동부장관 표창장 수여

자. 전수자 · 기술인 선정

년	월	내용	주최
2018	9	우수숙련 기술자 선정	고용노동부
2021	9	숙련기술 전수자 선정	고용노동부
2023	12	서울특별시 우수숙련 기술인 선정	서울툭별시

참고문헌

단행본

신대현 『옥기공예』(2007)

오원택 『보석개론』, 디자인 하우스(1989)

오원택 『보석실무』, 주얼테크(2007)

원도연 『익산보석 48년의 의미와 보석문화거리』(2023)

장경희 『고궁의 보물』, 국립고궁박물관(2009)

장주원 『옥장』, 국립문화재연구소(1998)

하인수 『한국. 선사 고대의 옥문화 연구』(2013)

신문

미연 「조선왕실의 취향」, 한국일보(2019)

민은미 「조선시대 신분 장신구」, 더오래(2021)

인터넷

나무위키 '사문석'(2025)

나무위키 '크리소프레이즈'(2014)

나무위키 '크리소프레이즈', 녹옥수(2025)

나무위키 '홍산문화', 미연(2019)

네이버 '다이아몬드 커팅, 나만의 보석커팅', 무네타카(2019)

네이버 '멋을 담다', 국가유산사랑(2025)

네이버 '비극적인 미얀마 비취광산', 미스(2020)

네이버 '장신구(裝身具)'(2020)

네이버 '한국의 생활사', 캐스트(2025)

로맨틱젬 '베수비아나이트 분류'(2024)

블로그 '1월의 탄생석 가넷 석류석 뜻 의미 특징 총정리'(2023)

블로그 '라운드 브릴리언트 커트'(2024)

엠디프라임 '옥 성분'(2020)

지식백과 '2012 이어령 용(龍)'(2024)

지식백과 '망건'(2025)

지식백과 '사천왕'(2025)

지식백과 '옥 실크로드 사전'(2025)

지식백과 '전통문양 식물문'(2015)

윤예노 옥공예

펴낸날 2026년 2월 25일

지은이 윤예노
감수 오원탁
펴낸이 주계수 | **편집책임** 이슬기 | **꾸민이** 이슬기

펴낸곳 밥북 | **출판등록** 제 2014-000085 호
주소 서울시 마포구 양화로 156 LG팰리스빌딩 917호
전화 02-6925-0370 | **팩스** 02-6925-0380
홈페이지 www.bobbook.co.kr | **이메일** bobbook@hanmail.net

© 윤예노, 2026.
ISBN 979-11-7223-133-0 (03630)